JN206828

# 仕事の不安・悩みがなくなる ロジカルシンキング

学習塾ロジム代表
苅野 進
Karino Shin

あさ出版

# はじめに

この本は、困難な現状や困難な目標を前にすると怖くなって動けなくなってしまったり、逃げ出したくなってしまったりする方やそういった若手やお子さんを指導する立場にあるリーダー・保護者の方に向けて執筆しました。

初めてだったり、複雑だったりする状況を前にして「何をしてよいかわからない」という状態は非常にストレスが強く、場合によっては大きな恐怖を与えてきます。

そういった状況に戸惑ってしまい、打ちのめされてしまうことで「頭も体も動かない」「時間だけが過ぎて状況が悪化していく」という負のスパイラルが始まってしまいます。

「強い心」「逆境に耐えられる精神力」「リスクに怯えない勇気」のように表現される能力を身につけていれば、そのような悪循環は避けられそうです。しかし、どうやってそういった能力を身につければよいのでしょうか？

「気合いが足りない」と言われることも多いと思います。体育会系のクラブでなんとかタフな精神力を身につけようと考える方も多かったと思います。しかし、それらは困難の対象が変わるだけで、「乗り越えるためのスキル」が結局はそこでも求められるのです。


本書でお伝えするロジカルシンキングは、論理的思考力と訳されています。複雑な状況を名探偵のように切れ味鋭く解決する技術のように思われているのですが、実際には違います。ロジカルシンキングは、明確な模範解答がない問題に対して「上手に試行錯誤をしながら前進していく思考技術」です。

「試験に合格したい」「営業を成功させたい」「現状を好転させたい」といった状況では、「こうすれば必ずうまくいく」という正解が存在しません。そんな時に「何をしたらよいかわからない」という状態を脱して、「次はこうやってみよう」という道筋が見えてくると「恐怖心」が消えていくのです。

本書では、大きな問題を目の前にして行き詰まった時に思い出してほしいという思いを込めて、シンプルに４つのスキルにまとめています。

「困った時にはSATE（さて？）」と覚えてください。

**S：Share 問題を他者と共有する**
**A：Analyze 大きな問題を小さな問題に分解する**
**T：Try 仮説を持って問題に挑戦する**
**E：Error 失敗をして、次に活かす**

順序にはあまりこだわる必要がありません。今必要だなと思えたものから実行できればよいものです。

「強い心」という輪郭のわからない能力を、ロジカルシンキングというわかりやすいスキルに落とし込みました。すべてを解決する魔法の思考法ではありませんが、大小様々な問題に対応できるようになり、結果的に「強い心」つまり「困難な状況でも動じずに対応する力」が身につくことでしょう。

〔さて？　と困ったら〕

S　Share　：問題を共有しよう

A　Analyze　：困難な問題を分解して、小さくしよう

T　Try　：「上手に」挑戦しよう

E　Error　：失敗を次に活かそう

# Part 0

## ロジカルシンキングは「強い心」の源になる

# Part 1

# 「仮説思考」で上手に挑戦できるようになる

Part 2

# 困難は分割することで解決しやすくなる

# Part 3
# 失敗を成功の元にする技術

# Part 4

# うまくShare（シェア）するコミュニケーション技術

# Part 0

# ロジカルシンキングは「強い心」の源になる

# 1 「強い心」は学習によって身につけることができるスキルである

本書では、「強い心」を「困難な状況でもやるべきことを見つけて、周りの力を借りつつ取り組む能力」と考え、その一助となる「ロジカルシンキング」を紹介していきます。「心を強くする」というとなんだかオカルトっぽい雰囲気があったり、体育会系のような精神鍛錬を想像するかもしれません。しかし私は、「次のステップを見つけ出す」という目標を達成するのに、ロジカルシンキングが非常に有益だと考えています。「仮説を立ててとりあえず実験してみる」や「困難な問題を取り組みやすい問題に分割する」などのスキルを身につけ、練習を積んでおけば、実際に大きな問題にぶつかった時に必ず役に立ちます。

強い心とは学習可能なスキルです。一つ一つ学んで、一つ一つ解決していきましょう。生まれつきの能力などといって尻込みしたり、逃げる必要はないのです。

## 2

# 「強い心」が今まで以上に重要な能力になっている

私が代表を務める学習塾ロジムでの出来事です。

5年生の算数の授業に体験授業を受けに来た生徒がいました。4年生から小学校よりも非常に早い進度のカリキュラムが始まっているので、5年生で初めての体験授業となると「ほとんど何を言っているのかわからない」という状況になります。

その生徒も案の定、その日の授業を受けて理解するには前提となる知識が足りなすぎる状態でした。しかし、その生徒は授業の最後まで、すべての問題をしっかり読もうとしていました。

また、「わからないことはあるか?」という講師の問いかけに「問題文に出てくるこの言葉の意味がわからない」や「板書のその計算は何をやっているのかわからない」というように、投げ出したり、黙り込んだりすることなく、食らいついてきたのです。

授業後、全体ミーティングで担当講師は「稀に見る粘り強さがあり、しばらくはクラス最下位が続くだろうが必ず追いついてきて、ほとんどの生徒を追い越すだろう」と評価していました。その生徒は「4年生」とタイトルのついた下級生用のテキストも全く嫌がらずに取り組み、授業中も「わからない」と臆せずアピールし、「できない」ことに集中し続けました。6年生の時にはトップクラスになり、中学高校と伸び続けました。未知の状況を怖がらずにやるべきことを見つけ出して注力する能力を活かし、海外の有名大学へと進学していったのです。

**ロジカルシンキング（論理的思考力）は、大きく3つの柱で成り立っています。**

- **未知の問題でも仮説を立てて取り組む力**
- **失敗から上手に学び効果的な試行錯誤をする力**
- **異文化の他者と協業するためのコミュニケーションを取る力**

この生徒は、普通の小学生ならば逃げ出してしまいたくなる状況でも、前向きにやるべきことに集中する力を持っていました。それは「強い心」と表現されがちですが、「クラスメイトより遅れている状況において必要で有効な行動を判断して取り組む力」「自分で考えて取り組んだ上で、間違えた問題や間違えた勉強法を修正する力」「状況を先生に伝えて効率的に助けてもらうコミュニケーション能力」という具体的なロジカルシンキングのスキルです。

このスキルのない普通の小学生は、どうやって乗り越えるかわからないので、とりあえず「逃げる」や「ごまかす」という行動に出てしまいます。人によっては、恐怖のあまり心身に異常をきたすこともあるのです。

この本を手にとっていただいた方も多かれ少なかれ、そのように「やるべき問題に取り組むことが怖い」という気持ちをお持ちだと思います。

ロジカルシンキングは、「やるべきこと」が「やれること」になるスキルです。そして「スキル」と「自信」は表裏一体です。本で理解をし、練習を通じて経験を積んでいけば誰もが身につけられるものですので、安心して読み進めてください。

## 3 もはや挑戦からは逃げることができない

少し厳しいお話をします。

塾になんて行かなければよいのでは？　好きなこと、得意なことを頑張ればよいのでは？　わが子が歯を食いしばる姿なんて見ていられないという保護者が増えてきています。しかし「挑戦」も「逆境」も、現代社会ではもはや避けて通ることはできなくなっています。前例があり、「こうすればうまくいく」というノウハウのある仕事は急激に少なくなっているのです。

我々は解決された前例のない問題に対して「挑戦」しなくてはならず、そうすると必ず失敗という「逆境」がついてまわります。

好きなことや得意なことについても同じことです。サッカーが好き、ピアノが好きということで取り組んでいるお子さんも多いでしょう。しかし、どんなものでも必ず壁にぶつかります。「挑戦」することや「逆境」を乗り越えなくてはならない場面は、何に取り組んでいても訪れます。そのたびに他の心地よく楽しめるものに移行していては、永遠に逃げ続けることになってしまうのです。

仕事についても同様です。壁にぶつかるたびに「自分には合っていないのではないか」「もっと楽しめる職場があるのではないか」と考えてしまいます。もちろん本当に相性が悪かったり、社会的に問題のある職場であることもあるでしょう。しかし、結局どのような仕事をしても、自分が今持っている能力では対応できない場面に遭遇することはあるのです。そんな時に、瞬時に「できないからつまらない」「できないから合っていない」と判断しては、いつまでも状況は変わりません。

天性の才能など、ほとんどの人間は持っていません。困難な状況を受け止めるメンタリティは、もはや必須の能力だと言えるでしょう。そしてそれは、ロジカルシンキングに支えられた問題解決力によってつくられるものなのです。

## 4

# 甘やかす教育サービスによって自分で突破する力が失われている

わが子が困難にぶつかった時、保護者の方は、どうやったら「自力で」乗り越えさせることができるようになるのかというノウハウをほとんど持っていませんでした。

そして、それは教育に携わる指導者たちも同じです。

インターネットが出て以来でしょうか。保護者の「試験勉強」に対する知識と能力が飛躍的に高まりました。かつては学校や学習塾にしかいなかった指導者が、家庭内にも存在できるようになったのです。その結果、驚くほど知識が豊富な子どもに出会うようになりました。しかし、かれらは教室内で知らない問題や解けない問題に出会うと、すぐに教室の外で見守る保護者を探してきょろきょろし始めるようになってしまったのです。

「こうすれば解ける」というノウハウを知っていることと、自分で解決策を見つけるために試行錯誤できることとは全く別のことなのです。

「子どもに残せるのは教育のみ」、そんなもっともらしい掛け声がいつのまにか「子どもに残せるのはテストの点数のみ」にすり替わってしまいました。テストの点数を魔法のように高めてくれるサービスが重宝がられています。苦手を分析してくれるシステム。過去のデータから子どもがつまずきそうな部分を徹底的に排除した「わかりやすい」授業やテキスト。そして何より物わかりがよく、やさしい親と先生たち。「テスト」の仕組みがわかっている大人たちが、丁寧に子どものテスト対応能力を高めているのです。

本来、「テストの成績がよい」や「入学が難しい大学を卒業している」というのは、「困難な勉強に粘り強く取り組み、結果を出す力がある」ことを示していました。社会において「粘り強く」取り組む力は何よりも重要なので、その指標として「テストの結果」が使われていたと言えます。しかし、教育産業、もっと言えば塾業界の進歩は皆さんの想像よりも高度に「進歩」してしまいました。

粘り強くない生徒が、「粘り強くないままでも」対応できることを目指してしまったのです。

大学においては、

「自分でテーマを決めて研究できない」

「失敗を繰り返す実験に耐えられない」

といった大学教員の嘆きの声が聞こえています。

就職活動では、

「不採用の通知に耐えられない」

「やさしくない面接官が怖くて仕方がない」

といった現状です。

子どもたちは今、先人たちが粘り強く試行錯誤をして、強い心をもって挑戦し発見したものによって快適にやり過ごせる毎日にどっぷり浸っていると言えるでしょう。

保護者と教育者が、指導ではなくサービスに走ってしまった大きなツケは、結局は子どもたちが払うことになるのです。

# 5 仕事を作り出す人材に必要なもの

徹底的にぬるま湯になっている高校生までの教育現場から、大学・社会人のプロ意識が求められる場へと進んでいくのに、大きなギャップができてしまいました。

大学は信じられないほどに「お子様」である新入生の対応に追われています。有名大学であっても、

「細かい指示をしてもらえないとどうやって研究してよいかわからない」

「勉強のようにうまくいかないことにほとんど対応できない」

「自分から声をかけて他の人に相談して力を借りることができない」

といったことでつまずいてしまう学生への精神的・技術的なケアに大きな力をかけるようになっています。そもそも大学の勉強に対応するための土台が、高校生までにでき上がっていないのです。

「復習ってどうやればいいの？」

「テスト対策の仕方は？」

「教科書が白黒で読みにくい」

「質問の仕方がわからない」

がっかりするような生徒の声に対応するのに、右往左往しています。

しかし、企業はもっとシビアです。そんな状況の中で、

「自発的に勤労意欲が高い」

「チームで働くことができる」

「困難に対して粘り強く取り組み続けることができる」

といった人材を必死に見分けようとしています。

国内にいなければ、国外へと人材を求めています。

昨今の「人材不足」で学生の売り手市場だという、数字上のまやかしを信じてはいけません。

新人研修で弱音を吐き、営業現場で相手から目を背け、上司に「何をやればいいのか具体的に指示しろ」と要求するような人材を正社員として採用することなど、どん

なに人材不足でもありえないのです。

ＧＲＩＴやレジリエンスと呼ばれる、「困難な状況でもモチベーションを失わずに前進していく能力」を見抜こうと必死です。こうした能力があれば、社会において新しい知識も技術も身につけて伸びていくことが信じられているからです。

**・主体的に行動する力**
**・コミュニケーションをとりながらチームで仕事を進める力**
**・問題設定・解決能力**

これらは「企業が新卒採用時に重視している能力」で常に上位を占めています。こうした能力は未だかつてなく社会で求められています。

不確定な社会においては、新人でも前例のないような状況にすぐにぶつかることになります。先輩や上司でも手取り足取り指導できるようなノウハウがあるわけではありません。企業全体、社会全体が前例のない問題にぶつかっているのです。

# 6
# 谷に突き落としても子どもたちは這い上がってこない

組織において、いきなりストレスの強い「プロの現場」に放り込まれる若手を指導しなくてはいけないリーダーの方も注意が必要です。

皆さんよりも丁寧な指導を受けてきた若手は、「見て学べ」「失敗しながら学べ」「自分で考えろ」というハードな指導には耐えられません。

「精神力」は技術を伴った自信のことです。技術を教え、経験を積ませるというプロセスを踏まなければ身につきません。そして、そういったプロセスである程度「こうすれば身につく」という道筋が見えないと耐えられないのが彼らなのです。

是非本書の内容を理解してもらいながら、徐々に「自分で考える」ことに慣れさせてください。

残念ながら学校教育は追いついていません。

文部科学省が設定した「新しい学力」には、未知の状況にも対応できる思考力、判断力、表現力と記載されています。

しかし、目標が定まったとしても、教える側のスキルが追いついてくるには、さらに長い年月が必要になるでしょう。

学校教育に期待するのは、まだまだ難しい状況です。

Part1 以降、最後に「リーダー・保護者のためのコラム」として、指導する際のポイントを紹介していますので、是非参考にしてください。

# 7 SATE：4つの動きで難しい仕事も突破できる

ロジカルシンキングは、学校のテストのように明確な答えが待ってくれているわけではない状況を前にしても、「知らない」「習っていない」と投げ出すことなく、試行錯誤しながら前進していくための「考える技術」のことです。

ロジムの教室では解けない問題にぶつかると最初のうちは泣き出したり、ごまかしたりすることしかできなかった子どもたちが、たとえゴールが見えなくても前向きに取り組んで上手に試行錯誤できるようになっていきます。

子どもたちが受講していく中で、「難しい問題が解けるようになる」という効果はもちろんですが、それよりも「難しいと感じた問題から逃げず取り組むことができるようになる」という効果が目に見えて上がっているのです。

ロジカルシンキングのそういった効用は、大人の方でも十分に感じることができる

〔さて、SATE？　どうしよう？〕

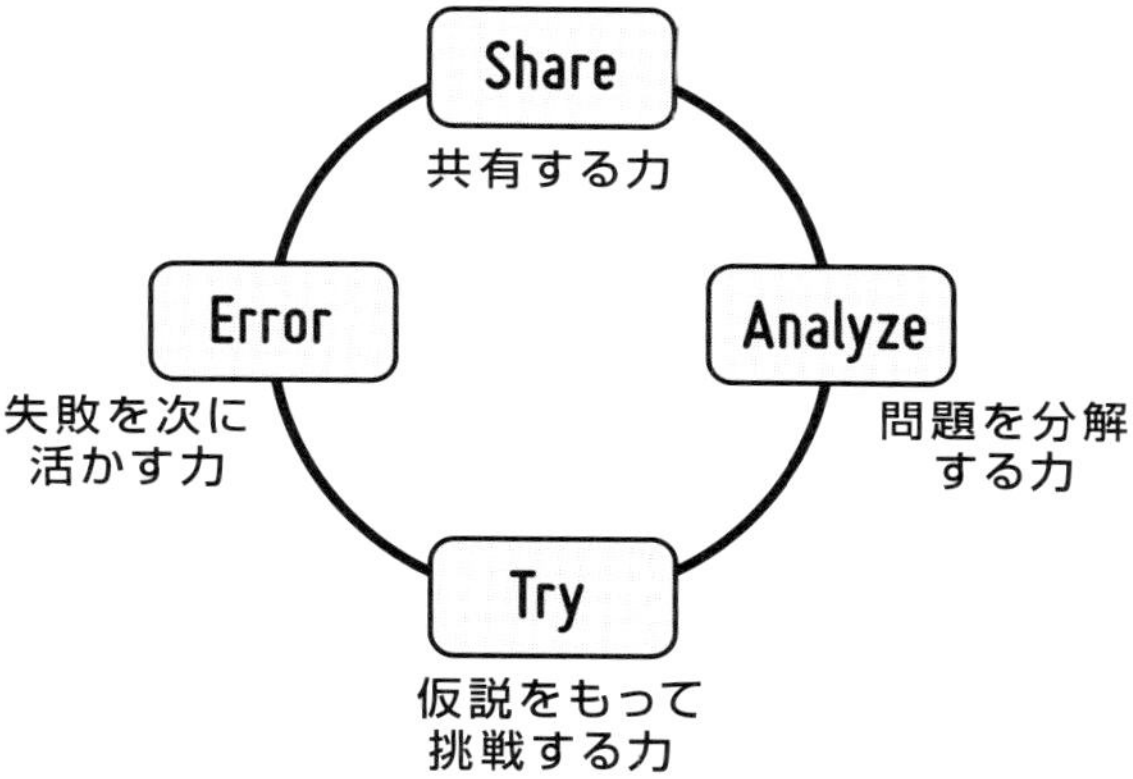


ものです。困難な状況が増えている現代において、本書によって一人でも多くの方が前向きに前進する力を得ることを願っています。

この本では、SATEの4つに分類したロジカルシンキングを、広告代理店に勤めるロジオくんと一緒に学んでいきます。

仕事に行き詰まったロジオくんが、オフィスで先輩に泣きつく（Share する）場面から始まります。

## ［ロジカルシンキングは遠い問題に近づいて解きやすくする考える技術］

# Part 1

# 「仮説思考」で上手に挑戦できるようになる

ロジオくんは○△広告代理店の営業担当

**ロジオ**　う〜ん……。

**先輩**　なんか行き詰まってるな？

**ロジオ**　そうなんです。初めての担当なのですが、プランAとプランBのどちらでいくか悩んでいたら、もう決められなくなっちゃって……。

**先輩**　責任をもって決めるっていうのは、本当に緊張するよな。

**ロジオ**　どっちもなんとなく不安があって……。

**先輩**　そりゃそうだよ。何が起こるかわからないしね。

**ロジオ**　そんな脅さないでくださいよ〜。

**先輩**　ロジオの「なんとなく不安」という感覚は間違っていない。なぜならどんな案にも不測の事態が起こる可能性は残っているからだ。

**ロジオ**　どうすれば完璧な案になるのか、アドバイスくださいよ〜。

**先輩**　いいか。100点の準備ができて、あとはうまくいく決断なんてありえないんだ。どんな案も必ず良い点だけじゃなくて、欠点がある。大事なのは、利点と欠点を事前に整理しておくことだ。そうすれば、決断して実行した後に発生するトラブルにも対応することができるんだ。

**ロジオ** １００点の案を目指して、最後まで頑張ってはいけないんですか？

**先輩** 未来についての不確定な要素がある以上、いつまでたっても１００点になんてたどり着けない。それよりも、目の前の案の良い点・悪い点をしっかりと分析するほうが現実的で重要だ。１００点を目指して右往左往しているだけだと、時間が来て決めなくてはいけなくなった時に、その場の雰囲気で決めてしまうことになるからな。

**ロジオ** なんとなく不安だったり、なんとなくうまくいきそうでは、だめってことですね。

**先輩** そうだ。ロジオが悩んでいる２つの案について良い点、悪い点を一緒に整理してみようかな。

**ロジオ** ありがとうございます！

# 1 「無鉄砲」は決して「強い心」や「勇気」ではない

むやみやたらと新しいことに挑戦することは、決して「強い心」ではありません。

一か八かの大勝負に勝った偉大な経営者の話は色々なところで語られていますが、鵜呑みにしてはいけませんし、憧れる必要もありません。しっかりとリスク管理をできていない挑戦は、いつか必ず破綻します。「挑戦」をスローガンに、社運をかけた挑戦を「なんとなく」繰り返しているような企業はすぐに行き詰まるものです。

挑戦すること自体が目的ではないのです。

目的を達成するために、必要な挑戦を正確に見極められるようになることが大事なのです。

「チャレンジすることが大事だ！」と、実力に全く見合っていない受験をすることを考えてみましょう。それによって、実力に見合っていて入学後に適切なレベルの指導を受けられる学校の受験機会を逃していたとしたらどうでしょうか。目的は受験そのものではありません。あくまで入学して、新たな指導を受けることが目的なのです。

大企業が、他の部門の利益でカバーできないような新規事業への投資をすることも同様です。「挑戦」とは清水の舞台から飛び降りることではありません。飛び降りたら終わりです。

決して、「無鉄砲」と「強い心」を混同してはいけないのです。

「強い心」を目指してこの本を手にとっていただいた読者の皆さんは、現状では「無鉄砲」の対極にあるのかもしれません。

皆さんのように「リスク」に敏感な感覚の持ち主は、その判断技術であるロジカルシンキングを学ぶと一気に成功確率の高い行動力が身につきます。

是非自信をもって読み進めてください。

# 2 「動けない」のは「現状維持バイアス」のせい

行動したほうがよさそうなのはわかっているのだけど、なんとなく体が動かない。次に向かって挑戦していくのは不安だ……。そういった悩みは「現状維持バイアス」という先入観によるものが大きいのです。現状維持バイアスとは、簡単にいうと人は「なんとなく」期待よりも不安を大きく感じる傾向があるということです。

現在の状況に不満はあるのだけど、新しい状況に踏み込んだら未知の大きな失敗が待っているかもしれないと考えて、行動をためらってしまうのです。

新しいコピー機を導入したらどうかという提案を受けたと仮定します。現在のコピー機よりよさそうだ。しかし、なんとなく新しいものを導入する決断をしたくない。こういった経験は皆さんお持ちでしょう。ビジネスマンなら、営業相手がそのような行動をとっている場面に遭遇することは多いはずです。

新しいことを始めるのは、「なんとなく」怖いものです。また、今続けているものをやめるということも「なんとなく」もったいない気がします。どんな悪い状況でも、新しい未知の世界と比べるとなんとなく不安が少なく感じるものなのです。

こういった傾向は、ほとんどの人が持っています。

大切なのは、「なんとなく」行動したくないという状況を脱するためにできることがあると理解することです。どれだけのリスクがあるのか。リスクだけでなく、得られるものはあるのか。「なんとなく不安」といった挑戦でも、正確な分析によって第一印象よりも成功確率が高いと判定できるものもあります。

ロジカルシンキングは、「第一印象」や「思い込み」にとらわれないで判断できるようになるための考える技術です。

わたしたちは、この本を通じて「効率的に挑戦する」ことと「失敗を上手に活かす」ことで挑戦のリスクを最小限にしていくことを学びます。

そうすることで、「なんとなく不安」だったり「なんとなく楽観」から脱し、「根拠のある」自信をもって取り組めるようになるのです。

## 〔分析によって「やるべきこと」を決められるようになる〕

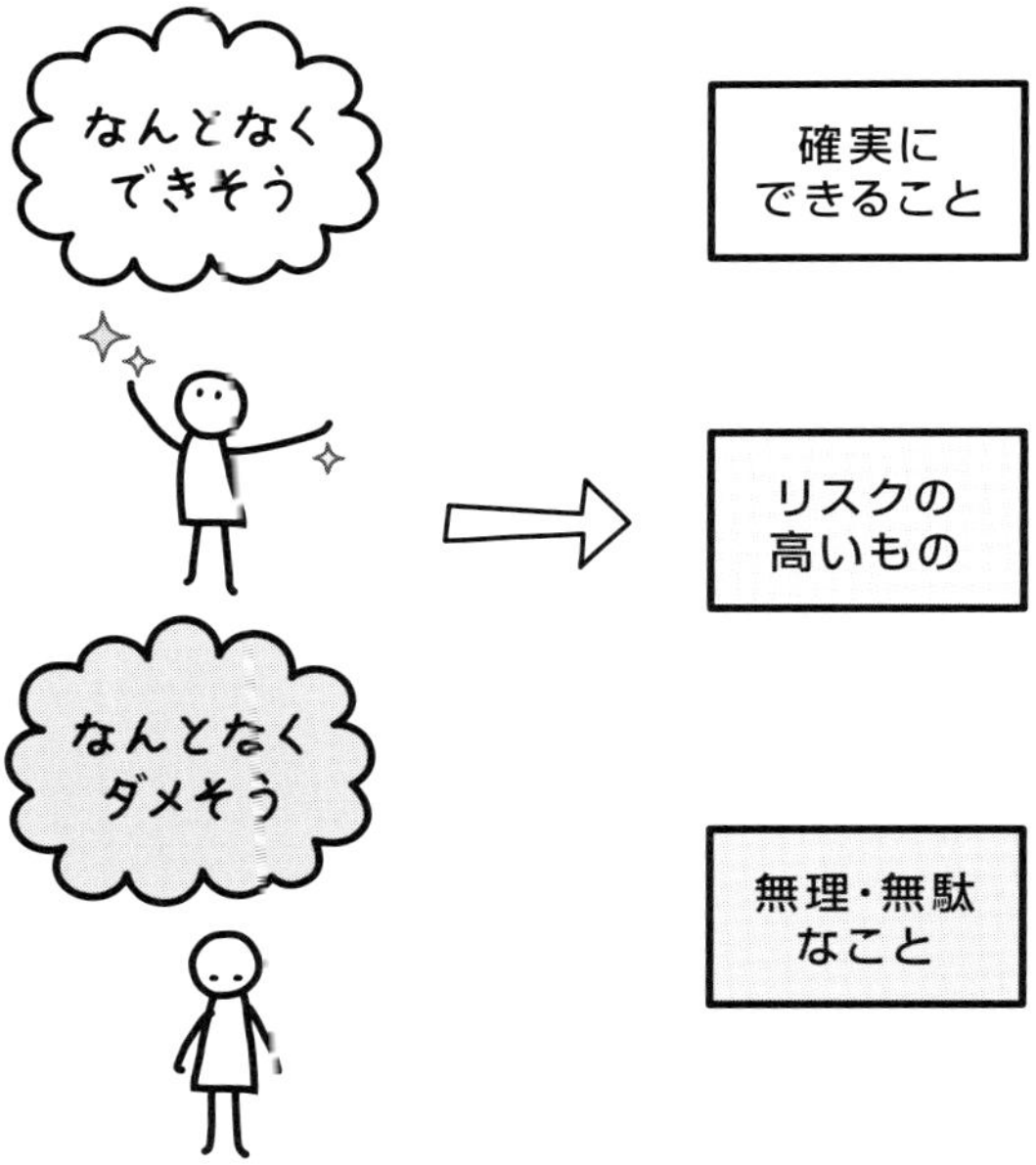

# 3 誰もが行動を躊躇する2つの理由

知らない世界に「飛び込む」のは誰でも怖いものです。

うまくいった例をいくら聞かされても、いざ目の前に知らない世界が現れたら、足がすくんでしまうのも当然です。

「新しいことにチャレンジしてみよう」「仕事を変えてみよう」「失敗を怖がるな」と、背中を押してくれる声は色々なところから聞こえてきますが、ある意味無責任な立場からの声援です。

当事者には、結果をすべて引き受けなければならないというリスクがあるのです。

個人的なことだけならまだしも、家族や仕事に関するものとなると、さらに躊躇してしまいます。

「もっと考えてからのほうがよいのではないか？」
「失敗は嫌だな」

この2つの「怖さ」で「動けなくなってしまう」という状況は、誰もが経験するものです。

Part1では、未知の問題に対して「もしかしたら〜ではないか？」「こうしたらうまくいくのではないか？」と考えることで上手に対処できるようになることを目指します。

あくまで「もしかしたら」を考えるので、これを「仮説思考」といいます。

「仮説思考」は「未来なんてわからないんだから思い切ってやってごらん！」というような、皆さんにとってはちょっと無責任に思えるような単純な考え方ではありません。「もしかしたら」だからこそ、

・利点と欠点を分析する
・時間・コストなどリスクを管理する

・なるべくリスクの低い実験で試す
・失敗を最大限次に活かす

という技術が重要になってきます。

これらが身についてこそ、未来への決断に、自信を持って取り組めるようになるのです。

## 4 「挑戦」の利点・欠点を表で整理してみると、やるべきかどうかが見えてくる

「なんとなくやりたくない」時には、やらない理由がつぎつぎと頭に浮かんでくるものです。そんな時に使えるのが、プロコン分析というものです。

プロとは pros つまり利点のこと、コンスは cons で欠点のことです。初歩的すぎると思われるかもしれませんが、一度立ち止まって、この両面から冷静に考えることは、多くの気づきを与えてくれます。

次の表は、ロジムの教室で小学生が「宿題をなくしたほうがよいかどうか」についてまとめたものです。

基本的に自分の第一印象の意見のほうに偏ってくるものです。なくしたいという思いが伝わってきますね。

46ページのものは、同じテーマで保護者の方に作ってもらったプロコン分析表です。

〔宿題をなくしたら？（子どもたち）〕

| pros（利点） | cons（欠点） |
| --- | --- |
| •早く寝られる | •やったことを忘れちゃう |
| •サッカーをやれる | •親に別のことをやらされる |
| •好きな勉強ができる | |
| •遊べる | |
| •ゲームができる | |
| •ストレスが減る | |

保護者の方からは、「宿題は必要だ」という思いが伝わってきます。

プロコン分析のポイントは、空きが多いほう、つまり自分の思い込みとは逆のほうについて考えるきっかけを作ってくれることです。

利点をどんどん書き出せた場合は、欠点について考えるきっかけになります。自分以外の人の意見に耳を傾けることにもつながるでしょう。この作業をするだけでも、「冷静に考えるとやるべきだな」とか「実はリスクが大きいのかもしれない」という気づきがあるはずです。そうすることで「やる」「やらない」の判断に自信が持てるようになるのです。

〔宿題をなくしたら？（保護者）〕

| pros（利点） | cons（欠点） |
|---|---|
| ・早く寝られる | ・学力が上がらない |
| ・怒らずに済む | ・参考書を買わなくてはいけない |
| | ・遊んでしまう |
| | ・何をやらせたらよいかわからない |
| | ・塾代がかかるようになる |
| | ・家で勉強しなくなる |

次の表は少し応用編です。各項目に「重要度」という指標をつけています。

正確に重要度を測定することは不可能です。

しかし、具体的に書き出したり、点数を検討したりする作業によって、気づけなかった項目が視野に入ってくるようになります。

この作業によって、「想定外」のトラブルをなるべく減らしていけるのです。

〔新人用の研修を新しく社内で作成する〕

| pros(利点) | 重要度 | cons(欠点) | 重要度 |
|---|---|---|---|
| ・今時の若者に合わせられる | 2 | ・研修の設計を学ぶ時間がかかる | 2 |
| ・全社員で参加できる | 1 | ・プロではないので質が不安 | 3 |
| ・外部に頼むより安い | 1 | ・最初に人材を配置する必要あり | 2 |
| ・自社の仕事に合わせたものになる | 3 | ・教材など初期コスト大 | 2 |
| ・作成することで担当者が育つ | 3 | ・外部業者からの色々な事例・情報がなくなる | 2 |
| ・社内で目標を再確認できる | 2 | | |

# 5
# 複数の選択肢で迷った時も点数化してみる

選択肢を与えられると、多くの人は決断そのものを避けてしまいがちです。iPhoneは機種が非常に少ない製品ですが、その点を考慮してのことです。それでも「どの色がいいか」とか「容量はどうしよう」と考えていて、いつのまにか購入機会を逸してしまったという方も少なくないでしょう。

それくらい「選択肢」の中から選ぶという行為は、私たちにとってできれば避けたいものなのです。

選択肢を前に悩んでしまった時も、前の章で学んだように「表にまとめる」という作業が効果的です。

次の表は、中学受験を検討しているご家庭がまとめた表です。

〔受験校の比較〕

| | A中学校 | B中学校 | C中学校 |
|---|---|---|---|
| 宿題は多いか？ | 4 | 4 | 4 |
| ダンス部の活動は楽しいか？ | 3 | 3 | 3 |
| 通学時間 | 2 | 2 | 2 |
| 交換留学の制度 | 4 | 4 | 4 |
| 理系進学 | 3 | 3 | 3 |
| 学費 | 5 | 5 | 5 |
| 制服 | 4 | 4 | 4 |

ここには、

・宿題は多いか
・ダンス部の活動は楽しいか
・通学時間
・交換留学の制度
・理系に進学する人の割合
・学費
・制服

というご家庭内で重視する項目がピックアップされています。そして、それぞれに対して1点~5点で評価しています。

この作業をすると、比較をするための情報がしっかりと見えてきます。なんとなく決めている時には、A中学校の宿題の量に関しては噂を聞いているものの、他の中学校に関しては宿題の情報について気にしていなかったりしているのですが、表をつくると穴埋めをするようになるのです。

また、それぞれの項目について、重視する度合いにより点数を何倍かに増やすことも、ビジネスの現場などではよく使われる手法です。前の例ですと、「ダンス部の活動」についてはもっとも重視しているので点数は2倍「理系に進学する人の割合」は次に重視するので1・5倍として集計するということです。

単純化しすぎていないかという不安はあるかもしれませんが、「なんとなくごちゃごちゃしていて決められない」という状況では「定量化」、つまり数字でわかりやすく表現することで、判断がしやすくなることが多いのです。

**ロジオ** ありがとうございました。プランAもプランBもそれぞれの良い点・悪い点が整理できました。想定されるトラブルの洗い出しもできましたし。

**先輩** そうだな。「なんとなく」という判断基準では、自分の背中は押せても他の人に納得してもらうのは難しいからな。

**ロジオ** でも、どのプランも結局一長一短ということになって、「これだ!」って決めるのもなかなか勇気がいりますよね。

**先輩** 点数化することも、その結果で優先順位を決めるのも、あくまで未来を予想したに過ぎないからね。「仮説」ってことだ。「仮説思考」っていうのは、「仮説」を立てるだけでなく、どのように実行するかを考えることも重要なんだ。

**ロジオ** 点数化が間違えていたらとか考えると、やっぱり躊躇してしまいます。

**先輩** 複数の案について、事前に評価するのは「リスクをなるべく低くする」ということでは有効だけど、「リスクを完全になくす」というのは無理なことだ。だから、「リスクを低くしながら、検証していく」ってことが次に求められることなんだ。

**ロジオ** それはどういうことですか?

**先輩**　たとえば、今回自分で決める前に俺に相談しただろ？　それはルール違反でもなんでもないんだ。

**ロジオ**　なんだか自分の責任でやらなくちゃって気持ちになってしまって。

**先輩**　自分だけでやらなくちゃいけないのは学校のテストぐらいだ。ビジネスでは、どんな力を借りてもいいから結果をよくすることが大事だ。

**ロジオ**　部長にも相談していいんですかね？

**先輩**　そりゃそうだよ。部長の仕事ってそういうモンだぜ。待ってると思うぞ。

**ロジオ**　先輩も相談するんですか？

**先輩**　自分で考えたらすぐに相談しちゃうね。そうしないと怖いじゃん。

**ロジオ**　先輩も怖いんですか？

**先輩**　いきなり本番なんて怖いに決まってるだろ。締め切り日に初めて部長に見せるとか、いきなりお客さんに見せるとか、怖くてできないよ。

**ロジオ**　先輩とかだったら、バシッと一発で決めちゃうのかと思ってました。

**先輩**　むしろ逆だな。経験を積むと、一発で答えが出ないってことを理解できるようになるんだよ。

**ロジオ**　でも、先輩は、いつもよい結果を出してるじゃないですか？

**先輩**　俺は困った時は「さて？」って考えるようにしてるんだ。

**ロジオ**　なんですかそれ。普通じゃないですか。

**先輩**　アルファベットでＳＡＴＥだ。

Ｓはシェア：周りの人間と問題を共有すること

Ａはアナライズ：大きな問題を小さく分解すること

Ｔはトライ：仮説を持って挑戦すること

Ｅはエラー：失敗を次に活かす考え方をすること

**ロジオ**　覚えやすいですね、それ。

**先輩**　覚えやすくないと意味ないからな。

**ロジオ**　それが先輩の秘密ですか。

**先輩**　別に秘密じゃないぞ。現に今教えてるじゃないか。それに、ロジオが俺に相談したのは、「シェア」っていう点でとてもよいことだからな。

**ロジオ**　先輩！　もっと教えてください！

6

# 「小さな失敗」を上手にできれば能力も評価も高まる！

たとえば営業のプレゼンテーションを考えてみましょう。

練りに練った自称傑作を締め切り日に上司に提出して大失敗をする若手が多いのですが、ビジネスの現場はテストのような一発勝負ではありません。締め切り前に同僚に見せてみる、先輩に見せてみる、粗い状態でも締め切り前に上司に見せてみる。そこでのフィードバック、つまり感想と修正に関する意見をもらうことは、よい結果を生むために非常に効果的なのです。締め切り日前のダメ出しや失敗は、徹底的に洗い出しておくことが効果的なのです。

学習塾ロジムでの中学受験のお話です。関東地方の中学受験はだいたい1月中旬から入試が始まります。そして2月初旬まで続きます。多くの受験生は、自分の入学したい学校の試験を受ける前に、練習として他の学校の入学試験を受けることができます。模擬試験と違って、初めての会場で本物の試験を受けることは、小学生にとってかなりの試練です。たとえ入学する意思のない学校でも、合格できる可能性が高いと言われていてもです。

この経験は、本当に希望する学校の入学試験に向けて非常に有益です。

朝起きて、学校に到着するまでにどんな気持ちになるのか。試験中はいつもとどのように違うのか。模擬試験とは全く違う状況を体験することになります。

しかし、このような重要な機会を、「なんだか落ちたら怖いから」という理由で避けてしまうことがあります。「落ちたらどうしよう」という漠然とした恐怖心を訴えるご家庭も少なくありません。

しかし、最初の練習入試から学んで短期間で伸びる子は非常に多いのです。たとえ練習の入試でも模擬試験ではしないようなミスをしたり、普段から講師に注意を受けていたことを「自分は大丈夫」と受け流していたことで痛い目をみたりします。

その貴重な経験を、次の本番に活かすことができるのです。

私たちは練習の入試に向かう時に、「思いっきりミスをしてこい」と送り出します。

可能性のある不安要素はすべて洗い出したいからです。合格して自信を深めるために受験するのではないのです。「合格しなかったらどうしよう」ではないのです。そもそも目的が違うこと。どんなミスをするかをすべて明らかにしたいので、ミスはすればするほどよいこと、を確認します。

そうすることで、非常に貴重な「練習」になるのです。

本番ギリギリまで「挑戦」を避け、「失敗」を避けたいという戦略では、本番で大きな失敗をする可能性が高まります。事前に「小さい挑戦」をして「小さい失敗」を積み重ねておくことで、結局は本番に向けて力を高めることになるのです。仮説思考を身につけておくと、「上手に実験をする」力が身につきます。そして実験がうまくなると、実験が怖くなくなります。

「実験がうまくなる」とは、「成功しても失敗しても、多くを学べる」ように考えられた実験をできるようになるということなのです。

何もしないでいるよりも、絶対に得をすることができるようになれば、挑戦に対する怖さもどこかに飛んでいきますね。

# 7 「十分な情報」はいつまでたっても集まらない

私たちは手軽にアクセスできる大量の情報に囲まれています。

たとえば「将来のために新しい資格を取ってみよう」と考えて検索すれば、凄まじいと言えるほどの事例や意見が存在していることがわかります。「会計の資格がいい」「英語がいい」「これからは中国語だ」それぞれがそれぞれの理由で主張しています。検索しているだけで数時間経ってしまったという経験は、誰しもお持ちなのではないでしょうか。

情報がここまで豊富に存在していると、「いつか十分な情報が出揃って、間違いない決断を下せるのではないか」とか「どこかに私にぴったりの事例があるのではないか」と考えてしまいがちです。しかし、いつまでたってもそのような状況には辿り着けません。「十分な情報」など存在しないのです。

情報収集については「どれだけよい情報を集めるか」ということに目を奪われがちですが、それ以上に「時間がどれくらいかかっているのか」を考える必要があります。

調べているだけで時間が過ぎ去ってしまったなら、情報に触れたことで、知識が増え、多くを語れるようになったとしても、それは誰もが知っている情報を焼き直しているだけです。それによって、自分が期待していたように状況が好転することはありません。動いていなければ現状維持です。「ネットで集めた他人の経験」という希少価値のない情報が増えただけなのです。

「あの起業家は〜」「あの資格は実際は〜」などという発言をしても、飲み会の時間つぶしにはなっても、あなたの価値を高めることにはならないのです。

# 8

# 小さいリスクで踏み出しても大きなリターンがある

たとえば「自分に今の仕事は合っていないのではないか?」という思いがあったとしましょう。そんな時、「退職願を出す」といった思い切った行動をいきなりとる必要はありません。「仕事が合っていない」という状況から抜け出すのは、「転職」だけとは限りませんせん。給与が改善されれば満足度が上がるかもしれませんし、私生活が充実し始めると余裕が出て楽しくなるかもしれません。

「転職」というとても大きな選択肢を選ぶと、人生におけるコストは非常に大きなものになります。いずれにしても未来に関しては「仮説」に過ぎないので、思い通りにならないリスクは含んでいるのです。ですから、

**・よりリスクとコストの低い代替案はないか?**

・小さなコストで実験はできないか？

を検討することが大事です。

・週末に簡単にできる副業で少し小遣いを稼げないか
・仕事以外の時間を楽しめる趣味はないか
・部署の異動などはありえないか

といった選択肢を洗い出してみましょう。また、

・転職の専門家に話を聞いてみる
・試しに面接を受けてみる
・転職経験者に会ってみる

といったことでしたら、週末や仕事の後でもできます。そして、思っている以上に

こういった小さな一歩によって得られる知識は大きいものです。

色々な選択肢があることを学び、自分の状況を別の角度から見直したりすることができます。

「転職」というリスクとコストの大きい選択肢にのみ取り憑かれている時とは、気持ちも大きく変わってきます。

どんな問題解決方法であれ、代替案と実験は物理的なリスク・コストを低くしますし、気持ちも和らげてくれる重要な検討項目なのです。

# 9 「試しにやってみる」は「いつまで」を明確に

ある時期から、大きな企業には「新規事業開発」を担当する部署が設置されるようになりました。しかし、そういった部署がうまく機能している事例はあまり耳にしません。日本人の仕事観として「クイック&ダーティー」を苦手とすることが大きな要因です。かつてのウォークマンやiモードのように完成度の高い革命的なサービスをつくろうとして、何年も研究とリサーチを続けているということが少なくありません。

完璧な商品を世の中に出すのが、仕事として重要であるという考え方によるものでしょう。

しかし、決定的に革新的な商品というものは存在しにくくなっています。どんなに新しいコンセプトでも、もはやすぐに類似の製品が現れます。先行者として利益を得られる期間はほとんどありません。それよりも、短いサイクルで顧客の要望に迅速に応えられる体制を整えるほうが重要です。

「リーンスタートアップ」という考え方が、新サービスの発表に関して重要視され始めています。これは、社内で徹底的に準備をして完璧なサービスを出すのではなく、最低限の準備だけをして発表し、それに対する顧客からのフィードバックを迅速に取り入れて改善をしていくという考え方です。これは、自分の仕事や取り組みについても同じことが言えます。仕事の締切日まで自分で抱え込んでしまわずに、「大体方向性が決まった」や「とりあえず行き詰まったので」というタイミングで上司に見せてみるなど、公にすることで、貴重なフィードバックをもらうことを目指すのです。世の中の上司も、私たち教育に携わる人間も「こんな状態になる前に見せてほしかった」と思うことが多いのです。ですから、自分の中で「時間的な区切り」をつけて、そこまでのパフォーマンスを第三者にアドバイスをもらったりすることが有益です。振り返る時は、テーマを明確にしておきましょう。

**・資格試験の過去問でどれくらい点数に変化があったか**

**・他の人が携わっている英語の業務について理解度が高まったか**

## 〔仮説思考へのアプローチ〕

**強制的に振り返る機会をつくる**

- 上司など“他人の予定”を抑えてしまう
- 会議室・食事など“場所”を抑えてしまう

色々試してみよう

**振り返り方を考えておく**

- 合格ラインをとりあえず決めておく
- 結果を比べやすいように実験する

比較しやすい記録をとる

また、「他の仕事に悪影響が出ていないか」といったマイナス面の調査も大切です。

小学生の場合、学校や塾が適宜テストを実施してくれます。しかし、これを当たり前のように考えたり、単に面倒なやらなくてはいけないことだとしか捉えられていないと大変です。中学校・高校へと進んでいくにつれて「自分で計画的現状チェックと改善策の検討」という作業によって「自分のための学習計画」を立てなければ量が多く、難易度の高い内容を身につけていくことができないからです。「復習ってどうやるんだっけ？」「言われた宿題はやったのに成績が上がらない」といった状況に陥っている生徒が、世の中には沢山いるのです。

# 10 顧客も上司も100点を求めてなどいない

なんだかうまくいかなそうだから怖い。それは、うまくいかなかった時に失うものがあると考えているからです。信用、資金、自信が主な3つでしょう。

あなたが証券会社の営業マンだったとします。あなたが顧客に勧めた株式が値下がりした時の「信用」を考えてみましょう。

大きな勘違いは、「株式が下落した」ことで信用を失うことはないということです。株式が予想に反して上昇したり、下落するなど誰もが理解していることだからです。信用を失うのは、「必ず上昇する」と宣言をしたにも関わらず「下落した」時です。

このごく当たり前の事実を大小多くの場面で理解できていないと、ビジネスの場面では大きく損をすることになります。

株の上昇や下落は営業マンにコントロールできません。同様に、未来についての出来事の多くはコントロールできません。顧客は、そのようなものに対してコントロールしてほしいなどと要求はしていないのです。

求めているのは「正しいリスク情報」、言葉を変えれば「期待値」です。これはコントロール可能であることを理解しなくてはいけません。

「絶対に大丈夫なのか？」

この顧客からの問いかけ（実際にはこのような問いかけは自ら誘引していることがほとんどなのです）は、「絶対に大丈夫だ」という答えを求めているものではありません。そうではなく、「あなたの絶対はなんとなく不安だ」という疑念を伝えているのです。そこを勘違いして「絶対に大丈夫です」と答えてしまうと、信用問題になるのです。

このような勘違いは日常でもあなたを苦しめます。

上司や顧客からの要望に対して満額回答が要求されていると考えがちだからです。「満額回答の案をつくらなくてはならない」「必ず成功する案でなければ実行できない」と、いつまでも到達できないゴールを目指して足踏みしてしまったり、できもしない約束をして期待値を上げてしまったりするのです。

ビジネスにおける「信用」とは「リスク」を正しく共有することです。

「リスク」はなくなることはありません。

ですから「いかにリスクをなくすか」ではなく「リスクを正しく分析し、相手と共有する」ことを目指すことが「信用」の確保につながるのです。

# 11 失敗は「事前に」共有すれば信用も結果も向上する

上司に案を提出する時、pros-cons や定量化などで比較して一長一短であると理解したにも関わらず、その中で「自分はこれしかない！」と決断することがありますね。そこで決断したからといって、その案がいつのまにかベストなものであるかのように勘違いし、プレゼン相手にも勘違いさせてはいけないのです。

一長一短の案であれば、その一長一短を正確に相手と共有しましょう。

そして、短所、つまり「うまくいかない場合」についての対処法について検討するという段階にはいるべきなのです。そのためのプロ「コン」分析です。

ビジネスの世界において、未来が不確定であることや不運にも失敗に終わることは、信用問題には発展しません。

## 12 グッドストーリーとバッドストーリーをバランスよく

問題解決策を考えると、自分の都合のよい話を積み上げていくことで「うまくいく気がする」と考えてしまいがちです。

顧客へのプレゼンでも同じように、都合のよい「たられば」で説得しようと試みてしまうことがあります。このような案は、実行に移した時に脆くも崩れ去ることが多々あります。「よい案を作ろう」「よい結果を出そう」と考えれば考えるほど陥りがちで、これは「確証バイアス」と呼ばれています。

これは現実的に成功率が低いことだけでなく、自分だけが「成功間違いなし」と思い込んでいることが多いので、説明されている相手があなたに対して強い疑念・不信感を抱いてしまうことが問題です。

自分にとって都合のよいグッドストーリーの裏には、必ず都合の悪いバッドストーリーがあるものです。

「この案はこういう流れになればうまくいきます」というグッドストーリーとともに、「この案はこういう場合にはうまくいかないでしょう」というバッドストーリーをバランスよく提案するようにしましょう。

その上で「うまくいかなかった場合はこういう手を打つつもりです」という案まで提供できれば、「信用」を築くことができるのです。

## 13 バッドストーリーの立案こそ周りを巻き込んでおこう

「絶対うまくいきます」という都合のよい話は声が大きくなり、「こうなったらやばいな」というバッドストーリーは密かに抱え込んでしまう人が多いのですが、実際にはバッドストーリーこそ上司・顧客を巻き込んで合意をしておくことが大事です。

それは、信用問題としてもそうですし、行き詰まった時の突破力が変わってくるからです。

上司と皆さんの大きな違いは経験です。もっと詳しく言うと「失敗の量」が違います。ですから、あなたの案がグッドストーリーではなく、バッドストーリーになって行き詰まった時に、「どのように対処したらよいか」を考える引き出しの数が違うのです。

私も経営者ですし、コンサルタントとして多くの経営者やリーダー層と接してきましたが、若手の皆さんが思っている以上に「部下が失敗した時に積極的に活躍したい」と考えているものです。ですから、自分の案のバッドストーリーについては是非躊躇せずに案をぶつけてみて、アドバイスをもらってみましょう。

良い案をもらえるはずですし、そういう相談が事前にあった場合、あなたの案が実行に移された時にどのように推移するかを必ず気にしてくれているはずです。

そして行き詰まった時には、あなたを責めるのではなく力になってくれるのです。

顧客に対しても同様です。案が行き詰まった時に、実際に顧客にも方向転換をして動いてもらわなくてはいけません。責任のなすりつけあいをしている時間はもったいないものです。

バッドストーリーに陥る可能性は、ゼロにはできません。

上司・顧客と共有することでしっかりと巻き込んでおくことは、短期的にも長期的にも、あなたの信用アップとよいアウトプットを後押ししてくれることでしょう。

〔次善の策こそ腕が問われる〕

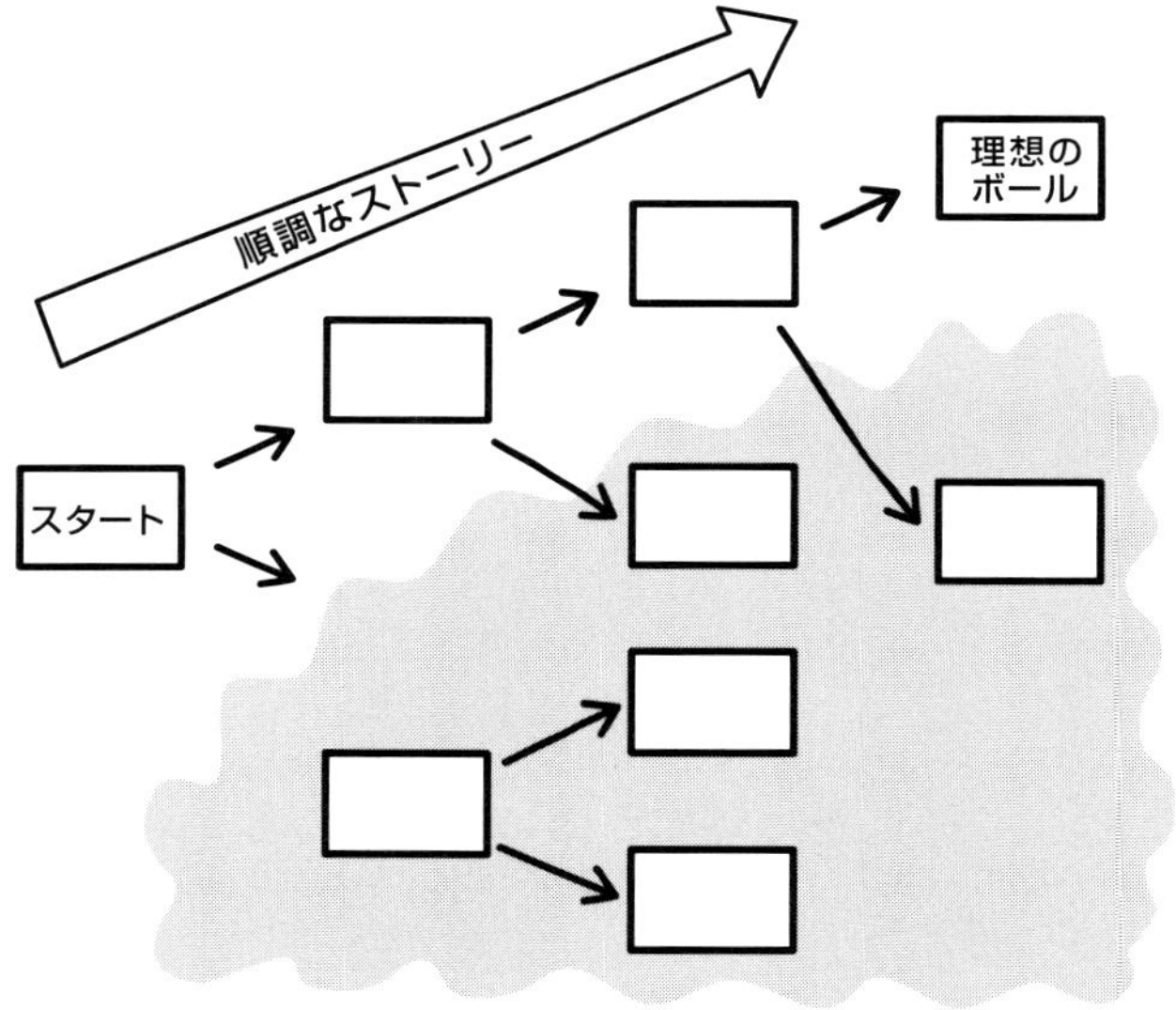


うまくいかない場合はどうする?

## 14 失敗を活かしていく技術を持つ

プロコンの考え方として、さらに一歩進んで「失敗することのプロ（利点）」を考えられるようになると、精神論ではなく、挑戦する動機が高まります。

Part2、Part3では「失敗したとしても得るものがあり、次に活きるような仮説の立て方」や「失敗を適切に分析して、改善していく方法」を考えていきます。

挑戦をする人というのは、「心が強い」というような生まれ持った性格的な素質によるものではありません。習慣と技術が相互に良い影響を与えあって、「挑戦することでたとえ失敗しても貴重な情報を得る」ということを知っているのです。

ですから、「リスクを取っている」ように見えても、実際には「挑戦しないでいるよりも、明らかに得られるものが大きいのでリスクは小さい」行動をしているのです。

ロジカルシンキングで、「根拠のある行動力」をさらに身につけていきましょう。

〔仮説思考で進みながら考えることができるようになる〕

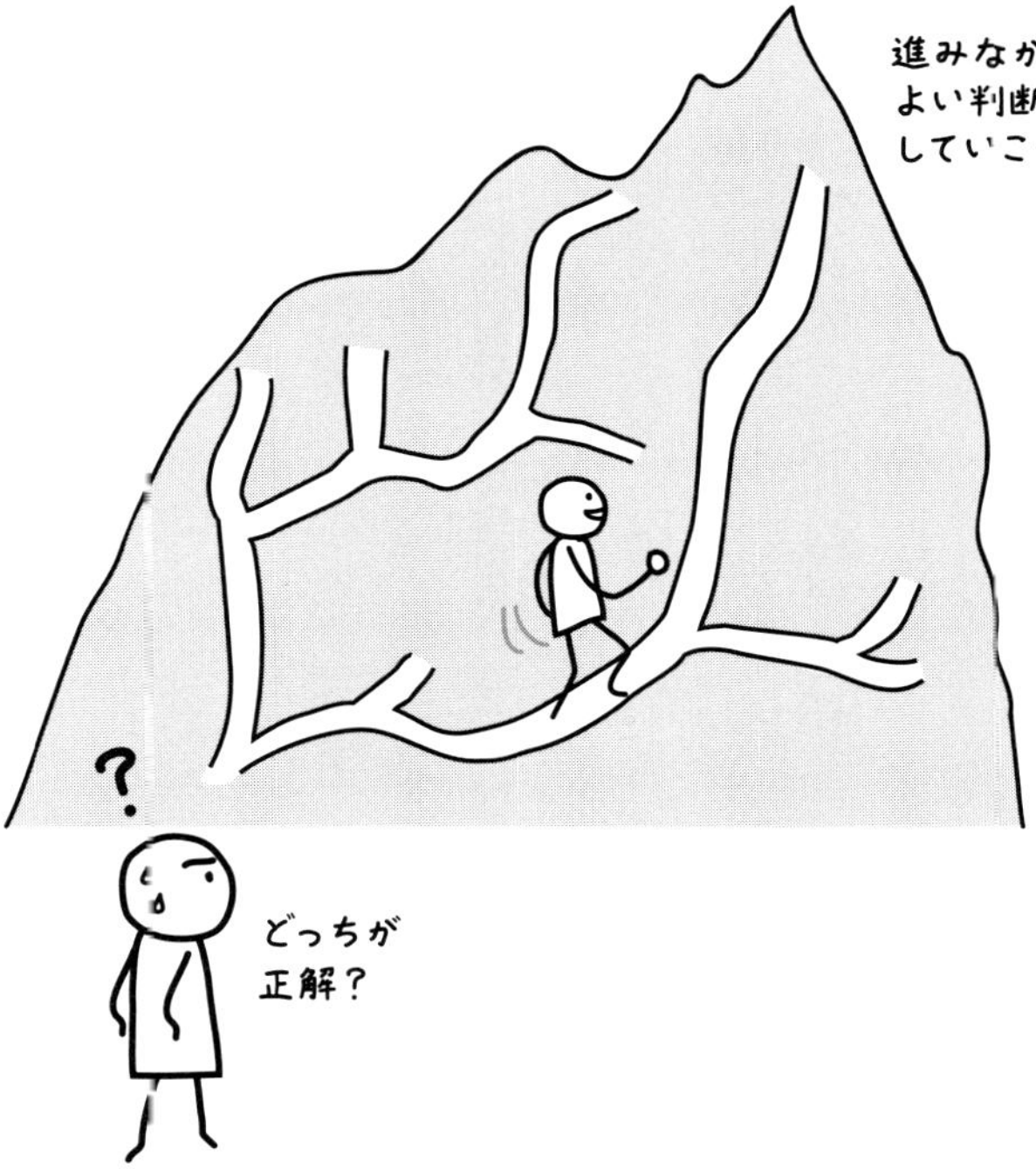
進みながら
よい判断を
していこう
どっちが
正解？

Column 1
リーダー・保護者のための

# 評価のしかたが行動を決める

小さな子どもも若手社員も、同じように「周りの評価」がとても気になるものです。たとえば小学生は保護者の方にテストの結果を報告する時、非常に怖い思いをしています。「怒られるのではないか？」「嫌われるのではないか？」などすでに出ているテストの結果で自分の評価が決まることへの恐怖心です。そんな時、いかに「テストの結果を次にどう活かすか？」について考えることへ意識を向けさせるかを考えてください。

ロジムでは保護者の方に「テストについて子どもに伝えたいことや注意したいことがあったら点数を見る前に伝えてください」とお話ししています。点数に関する親の評価を気にしている子どもたちは「親はどのような反応をしたか」を考えることで頭がいっぱいです。喜んでくれれば「自分はよくやった」となり、怒られれば「自分はダメなんだ」で終わってしまいます。

保護者の方が点数を確認して一喜一憂したい気持ちをぐっと堪えて、「点数についてはどうでもいいけれど、できなかった部分についてどう反省している？　次はどうしようと思っている？」

という問いかけをするようになると、子どもたちは「次を考えて、改善していくことで親が評価してくれる」という認識を持ち始め、行動が伴うようになります。

職場での若手指導も同様です。

「結果につながる行動は何か」を考えさせ、そちらに集中させるには、評価の対象を「結果」よりも「過程」に絞らなくてはいけません。

子どもも若手も「他人の評価」に敏感な時期です。ですから「失敗を怖がらない」や「次に活かそうとしている」という行動自体を評価してあげる仕組みをつくり、そのことを伝え理解してもらうことが、「結果を評価すること」よりも大事な段階なのです。

# Part 2

# 困難は分割することで解決しやすくなる

ロジオ　無理だ～。

先輩　頭抱えちゃってどうした？

ロジオ　英会話の研修を受けることになっちゃって。

先輩　俺らの時代は自分で学んだんだぞ。会社が用意してくれるなんて恵まれてるじゃないか。

ロジオ　1時間の授業が週に2回もあるんです。仕事で手一杯なのに毎週2時間つくり出すなんて無理ですよ～。辞退しようかな。

先輩　もったいないぞ。ぱっと見で「無理だ～」と思うような問題なんて、これからいくつもぶつかることになるからな。

ロジオ　助けてくださいよ～。

先輩　そもそもなんでそんなに時間がないんだ？　何をやっているんだい？

ロジオ　毎日同じですよ。朝起きて、ご飯食べて、通勤して、仕事して。

先輩　それから？

ロジオ　昼食、夕食、テレビを見て、スマホいじって……。

先輩　よし。「困難は分割せよ！」だな。SATEの「A」だ。

ロジオ　Aは「Analyze」、問題を小さく分割するんでしたっけ？

先輩　2時間っていう大きな時間をまとめて考えてるから問題がとてつもなく大きく見えてしまうんだよ。

ロジオ　実際大きな時間ですよ。

先輩　2時間仕事を早く終わらせたり、2時間睡眠を減らしたりって考えてはダメだ。そんなの無理だ。

ロジオ　どうすればいいんですか？

先輩　問題の分割だ。2時間を一気に減らすんじゃなくて、たとえば20分を6つの項目から減らせるか考えてみよう。

ロジオ　20分か。

先輩　たとえばランチの時間は週に5回あるわけだよな。1回あたり4分削れば20分だ。夕食も同じだよな。

ロジオ　4分だったらちょっと頑張れば短くできますね。これで40分か。

先輩　早起きだって1日4分で合計20分だよ。

ロジオ　なるほど。チリも積もればってやつですね。

**先輩**　その通り。大きな困難は、自分が解決しやすい小さな問題に分割するってことだ。

**ロジオ**　なんでもできそうな気がしてきました！

# 1 大きな問題は小さな問題の集合体に過ぎない

あなたがあるパン屋のオーナーだと仮定してみましょう。そこで、

**・売り上げを2倍にする**

という問題に取り組むとします。
ビジネスマンの方なら、この問題の難しさに唸るはずです。ここで、「売り上げ」を分解することを考えます。

売り上げ＝客単価×客数×購入頻度

つまり「売り上げ」という問題は、「客単価」と「客数」と「購入頻度」に分解することができるのです。

そして、それぞれを1.25倍することに成功すると、売り上げは1.25×1.25×1.25=1.95倍になります。

売り上げを2倍にする

という問題は、

「客単価」と「客数」と「購入頻度」をそれぞれ1.25倍にする

という問題に分割でき、難易度が下がったと言えるでしょう。

何より「売り上げを上げる」という複合的でとっつきにくい問題が、具体的に取り組むべきことが明確になりやすい3つの問題になったのです。

## 2 分解しないと的外れになる可能性がある

たとえば「算数の成績を上げたい」という問題に取り組む場合を考えてみます。「算数」は「計算問題」「文章問題」「図形問題」などに分解できます。

その上で、「どこが弱点なのか」を分析し、どこに対して手を打つのかを検討することで効果を上げることができます。

しかし、分解をしなかった場合はどうでしょうか。

本当は「文章題」に弱点があるのに「計算問題」に取り組んでしまうかもしれません。新しい算数の問題集を買ってきて、すべての問題に取り組んでしまうかもしれません。

かなり効率が悪い対策になってしまいます。

〔分解作業を通じて"考えもれ"をなくす〕

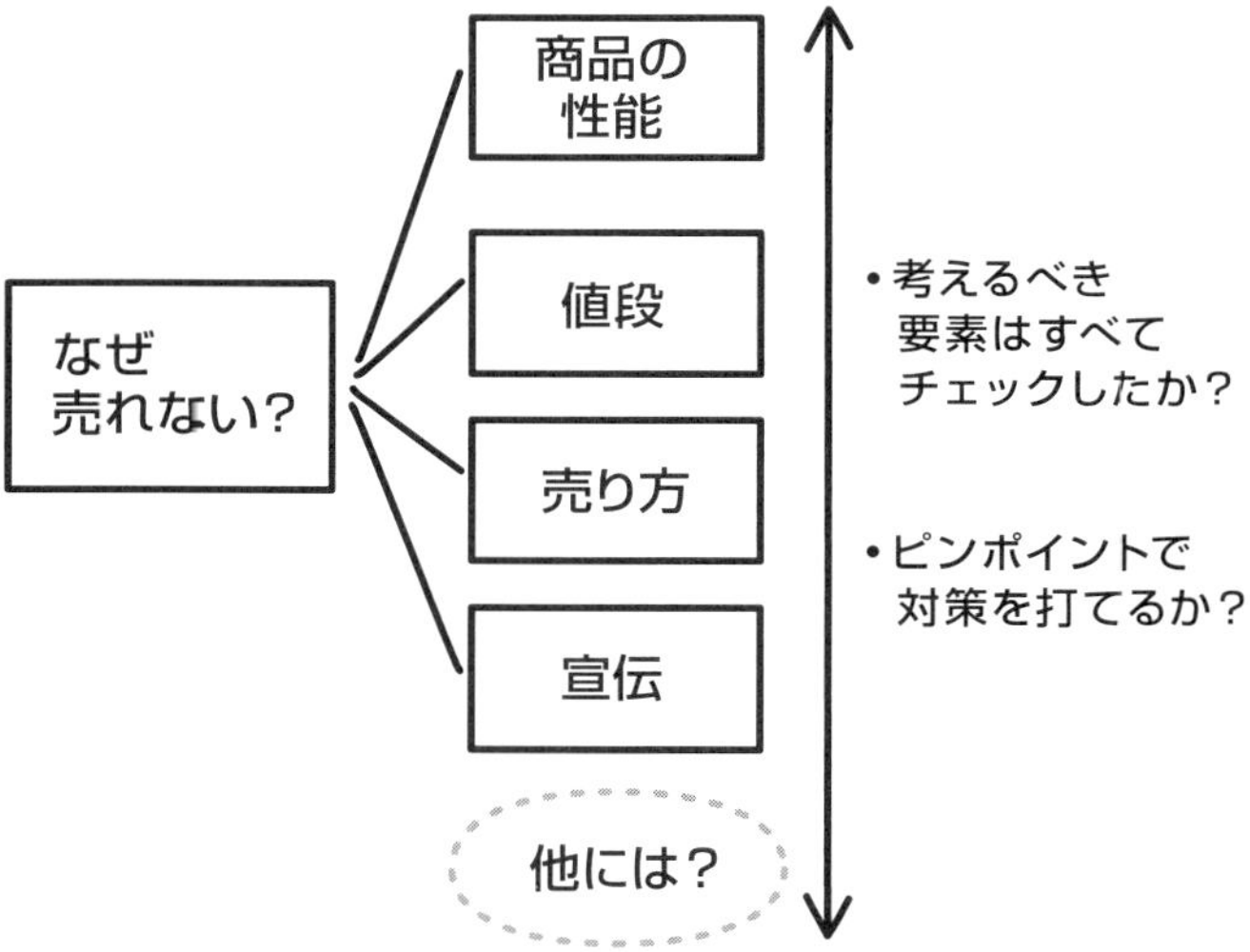

# 3

# 達成しなくてはいけない数字はどういった計算で求まるのか

大人も子どもも解決しなければならない問題として、一番に思い出されるのは「数字」だと思います。売り上げ目標、貯金、点数など様々な数字を目標としたり課題として与えられたりしています。

「この数字を達成しなくてはいけない」という問題を前にして、途方にくれることもあるでしょう。なぜならこの達成すべき数字は、「何をすべきか」について具体的には指示してくれないからです。数字はあくまで結果です。その結果がどのような要素で成り立っているのかを考え、分割することができれば具体的な行動に結びつくのです。「分割して考える」の第一歩として、「数字」を分解していく事例を考えて行きましょう。少し立ち止まれば、すぐにできるようになります。そして多くの場合、最初に数字を目の前にした時よりも「解決」が近づいて見えてきていることでしょう。

# 4 儲かっていない八百屋さんを立て直そう

近所の八百屋さんから「近所に大型スーパーができて、儲からなくなった。どうしたらよいか」という相談を受けたとします。こういう場面では「集客」にばかり目がいってしまいます。ロジムの授業でも最初のうちは「宣伝」と子どもらしい「おまけ」の案がほとんどになります。

しかし、「儲け」は「集客」のみで構成されているのではありません。

儲け＝売り上げ－コスト

です。そして、

売り上げ＝客単価×客数

であり、

コスト＝仕入れ＋人件費＋家賃＋……

です。「儲け」を増加させるのは、「客数」がそのままであっても、

- **客単価の増加**
- **仕入れの低下**
- **人件費の低下**

などでも実現可能なのです。

「客数」という1つの項目だけで「儲け」の増加を実現するよりも、いろいろな項目の改善で少しずつ儲けを積み上げていくほうが簡単なのは、言うまでもありません。

〔利益を2倍に！〕

利益といえば客数
お客を2倍に
増やすなんて無理！
利益＝(売価－仕入れ)×個数－コスト
4つの要素を
少しずつ改善して
達成できそうだ！

このように、「数字の達成」を考える時には、まずは「その数字はどのようにして計算されているのか？」を考えることで、複数の項目に分解して考えることができるようになるのです。

これはまるで数学の「因数分解」のようなので、経営戦略の参考書などでも因数分解と呼ばれていたりします。

また、「フェルミ推定」という名前でも呼ばれていて、書籍やサイトでも多くの練習問題が紹介されています。

## 5 もれなくだぶりなく分ける

企業が売り上げを倍増させようと考えた時、新規の顧客の獲得だけに固執しては難しいものがありますので、多くの場合、顧客を分けて考えます。たとえば、

売り上げの増加＝国内既存＋国外既存＋国内新規＋国外新規

のように分ければ、それぞれに対して適した打ち手を考えることができるので、効果的ですね。しかし、先ほどの「儲け」など計算式が比較的明確で考えるべき要素がわかりやすいものと違い、「顧客をどう分けるか」という問題は、企業によって違ってくるので難しいものです。

ある対象を分割して考える時には、「モレなく、ダブりなく」考えることが大事です。

たとえば、

売り上げの増加＝国内既存＋国外既存＋国内新規

と分けてしまうと、「国外新規」がモレています。また、

売り上げの増加＝国内既存＋国外既存＋国内新規＋国外新規＋優良顧客

というように分けてしまうと、国内既存顧客かつ優良顧客をダブって考えることになりかねません。組織をつくる時に、複数の部署が同じことをやっていたということになれば、大変な非効率になりますね。

追求しすぎて実際に施策を実行することができなくなってしまっては本末転倒ですが、「モレなく・ダブりなく」は一歩立ち止まってチェックする習慣をつけるとよいでしょう。

## 6 上手な分け方の型がある

経営学のテキストや経営コンサルティング会社の解説本には、「ビジネス上の問題を上手に切り分けるための型」が数多く掲載されています。多くのビジネスの事例を収集・分析することで、効果的に「モレなく・ダブりなく」分けることができるものです。

たとえば「自分の商品はどのような相手と戦わなくてはいけないのか？」を考える時、相手を5つに分ける型が有名です。

これは業界を取り巻く「5つの力」と呼ばれる分け方です。たとえばパソコン業界では、

・**新規参入業者**　新しい中国のパソコンメーカー

〔業界を構成する5つの相手(ファイブフォース)〕

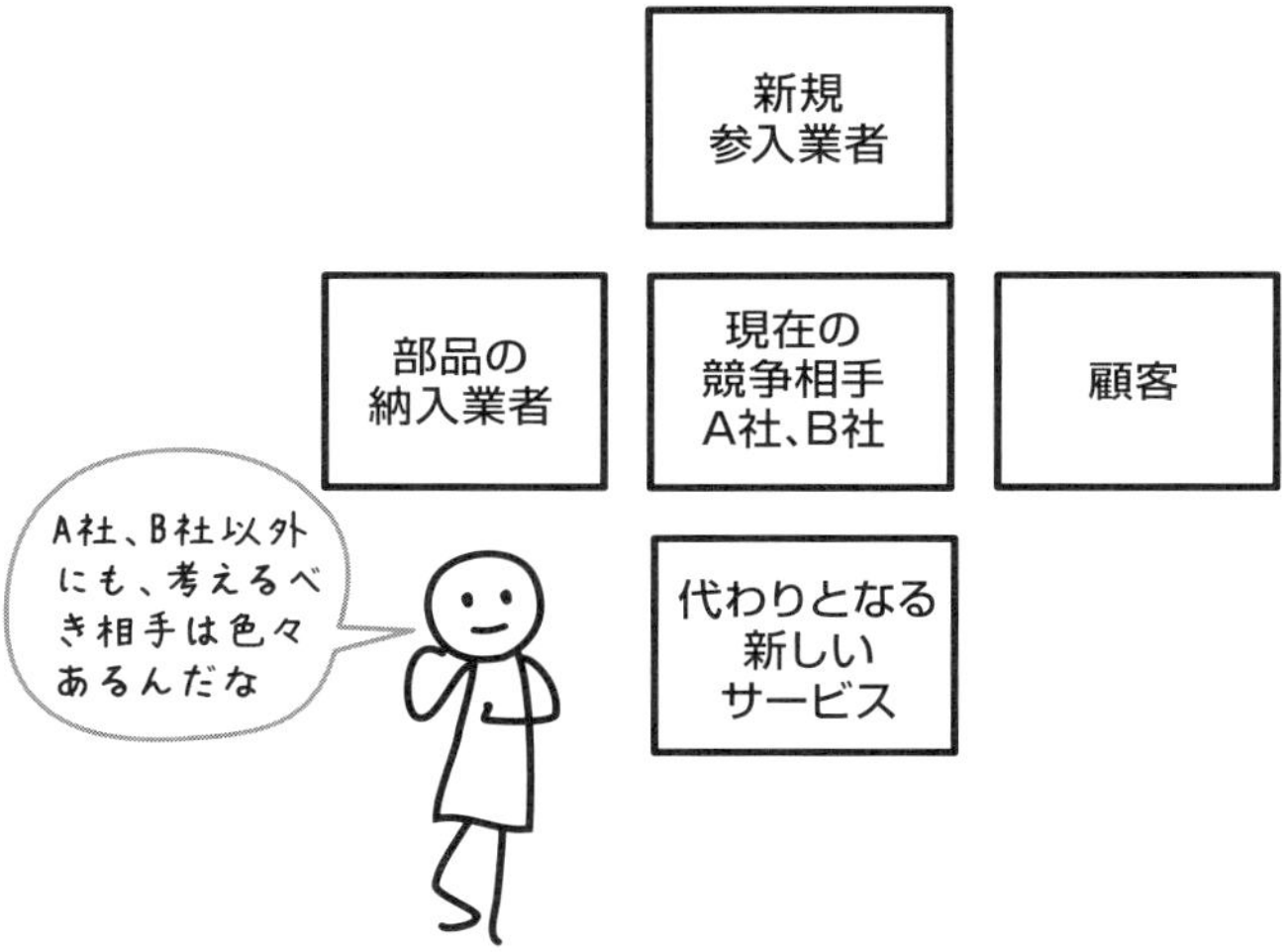


・**既存の競争相手**　従来からのライバルパソコンメーカー

・**代わりとなる新しいサービス**　スマートフォンとそのメーカー

・**顧客**　全国民

・**部品納入業者**　チップやディスプレイメーカー

というように考えることができますね。

そうすると、従来のライバルパソコンメーカーの動きだけをチェックしていて、気にしていなかった「代わりとなる新しいサービス」のスマートフォンに市場を奪われるという落とし穴に落ちずに済むのです。「部品納入業者」に関しては、色々な捉え方がありますが、部品納入業者から「よい部品を低価格で」提供してもらえれば、それだけ自分の商品の競争力が高まりますので、重要な交渉相手になってきます。

ハーバード大学の、マイケル・ポーター教授が紹介したものです。

これを、ある営業マンの会社における状況に置き換えてみましょう。

- **新規参入業者**　新入社員・新しく部署に異動になってきた社員
- **既存の競争相手**　以前からの同じ部署のライバル
- **代わりとなる新しいサービス**　売り上げが高まっている他部署の社員
- **顧客**　現在の担当顧客
- **部品納入業者**　仕事を割り振ってくる上司・外部の協力業者

うまく使えていますね。経営学の教科書では「業界を考える」ための分け方として紹介されていますが、このように身の回りのことを考えるのにも役立ちます。

このようにすでに活用され、有効性がある程度確かめられている分け方の型のことを「フレームワーク」と言います。ごく一部ですが紹介したいと思います。

・**時系列で分解する**

自社のサービスの「流れ」を分解して、強み・弱みを把握できるようにするのがバリューチェーン分析と呼ばれる分解の仕方です。簡単にまとめると上図のような分解です。

このように時系列で分解することで、企業活動の上流から下流までをモレなくチェックすることができるようになります。これは企業が提供するサービスを分解するために生まれたものですが、色々なレベルで応用できるものです。例として、営業マンの営業活動を

〔時系列に並べて分解〕

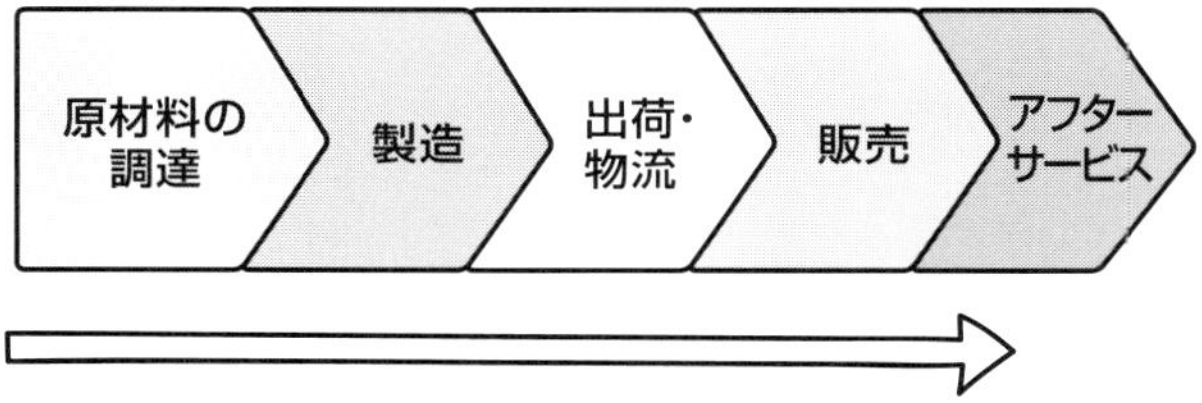

時系列で分解してみましょう。

**・情報収集**
**・ファーストコンタクト**
**・ヒアリング**
**・企画立案**
**・プレゼンテーション**
**・クロージング**
**・納品**
**・アフターサービス**

企業ごと、扱う商品ごとに多少の違いはありますが、このように分解しておくと意外なところに弱点・改善点が発見されることがあります。

闇雲にコンタクト数を増やしたところでヒアリングにまでたどり着いていなかったり、アフターサービスへの不満が多いことを発見できたりすることも多々あります。

問題発見には「どうして？」を考えがちなのですが、まずは「いつ・どこで」問題が発生しているのかを正確に把握できることが大事ですし、それにより原因や解決策も必然的に判明してくることが多いのです。

# 7 学習の弱点把握にもVC分析

医者が問診で既往歴や前の日からの食事や行動を質問してくるのは、まるでVCを一つ一つチェックしているかのようです。ロジムでも生徒の学習の弱点を把握するために は、同じように分解・分析をしていきます。

たとえば、ある生徒の算数の学習について確認してみます。

すると、

- **予習は授業の直前が良いのではないか?**
- **復習はテスト前に移動したほうがよいのではないか?**

などの対策を考えることができます。

〔一週間のスケジュール〕

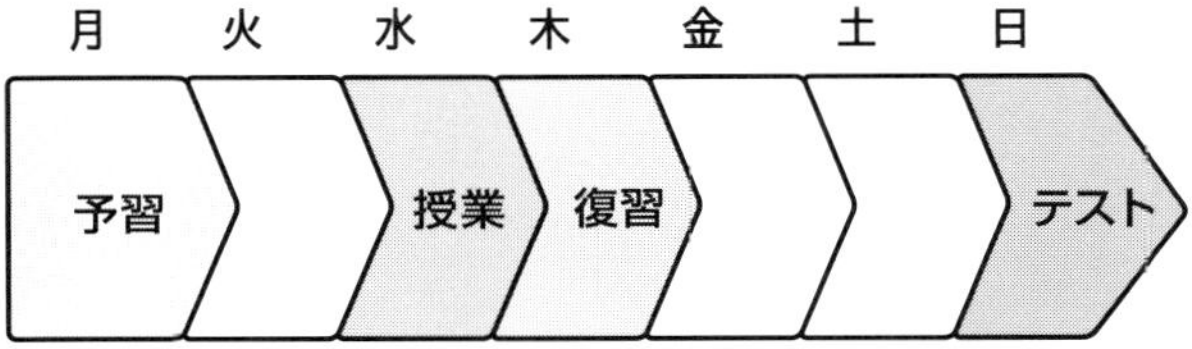


この分解をしていないと、闇雲に「問題演習を増やそう」といった的外れな対策をとってしまうことがあるのです。

# 8 今の強み・弱みを将来性と合わせて考えてみる

企業の強み・弱み、自分の強み・弱みについて現在の価値だけでなく、将来性まで含めて細かく分解することで「どこに力を入れていけば良いか？」を考える材料にしようというのが、ＰＰＭと呼ばれる分解方法です。

- **現状での強み・弱み**
- **将来性の有無**

の２つの軸で分析します。

〔PPMの２軸グラフ〕

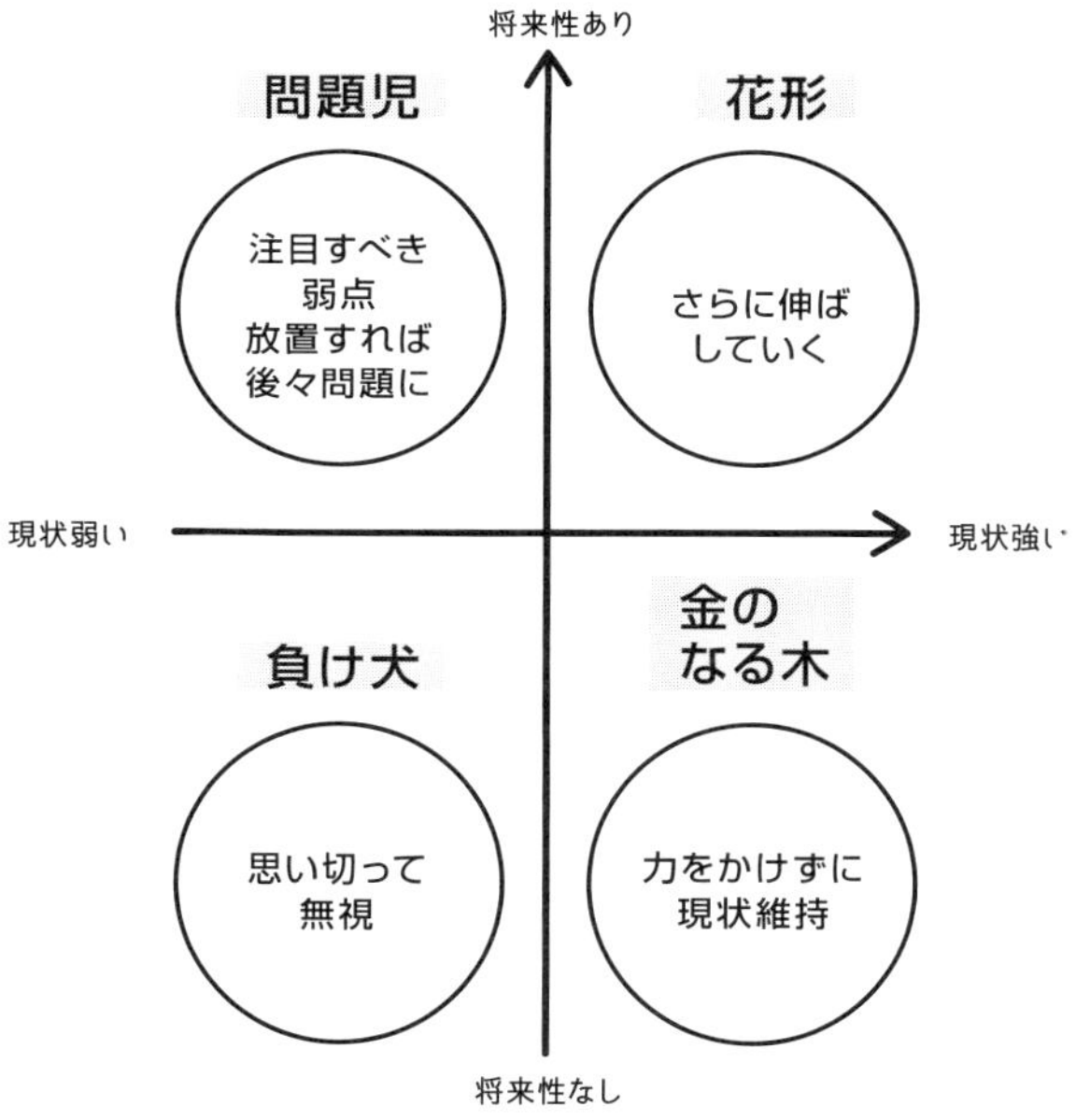
将来性あり
問題児
注目すべき
弱点
放置すれば
後々問題に
花形
さらに伸ば
していく
現状弱い
現状強い
負け犬
思い切って
無視
金の
なる木
力をかけずに
現状維持
将来性なし

現状で強みであり、それに将来性がある場合　花形
↓積極的に投資をして伸ばしていく
現状で強みであるが、将来性はない場合　金のなる木
↓現状を維持して、資金源としていく
現状で弱みであるが、将来性はある場合　問題児
↓力を入れて可能であれば「花形」へと持っていく
現状で弱みであり、将来性もない場合　負け犬
↓現状のまま放っておく

このように、効率的な時間と資金の投資戦略を考えることができます。

たとえば、ある架空の電機企業で作成してみると、

**花形**　スマートフォンのバッテリー用電池
**金のなる木**　スマートフォン本体
**問題児**　スマホのソフトウェアサービス
**負け犬**　パソコン

といった状況だった場合、「金のなる木」の収益や「負け犬」に割いているリソースで花形を伸ばし、問題児を花形へと持っていく施策を講じるという判断ができるようになりますね。こうした分解をしていないと、一体何に力を入れたらいいのか？を考えられませんし、力を入れるためにどこからその資源を持ってくるかも判断できないのです。

ＰＰＭも企業のサービスだけでなく、個人の強み・弱みを考えるのに非常に役立つのです。

〔PPMで自己分析してみる〕

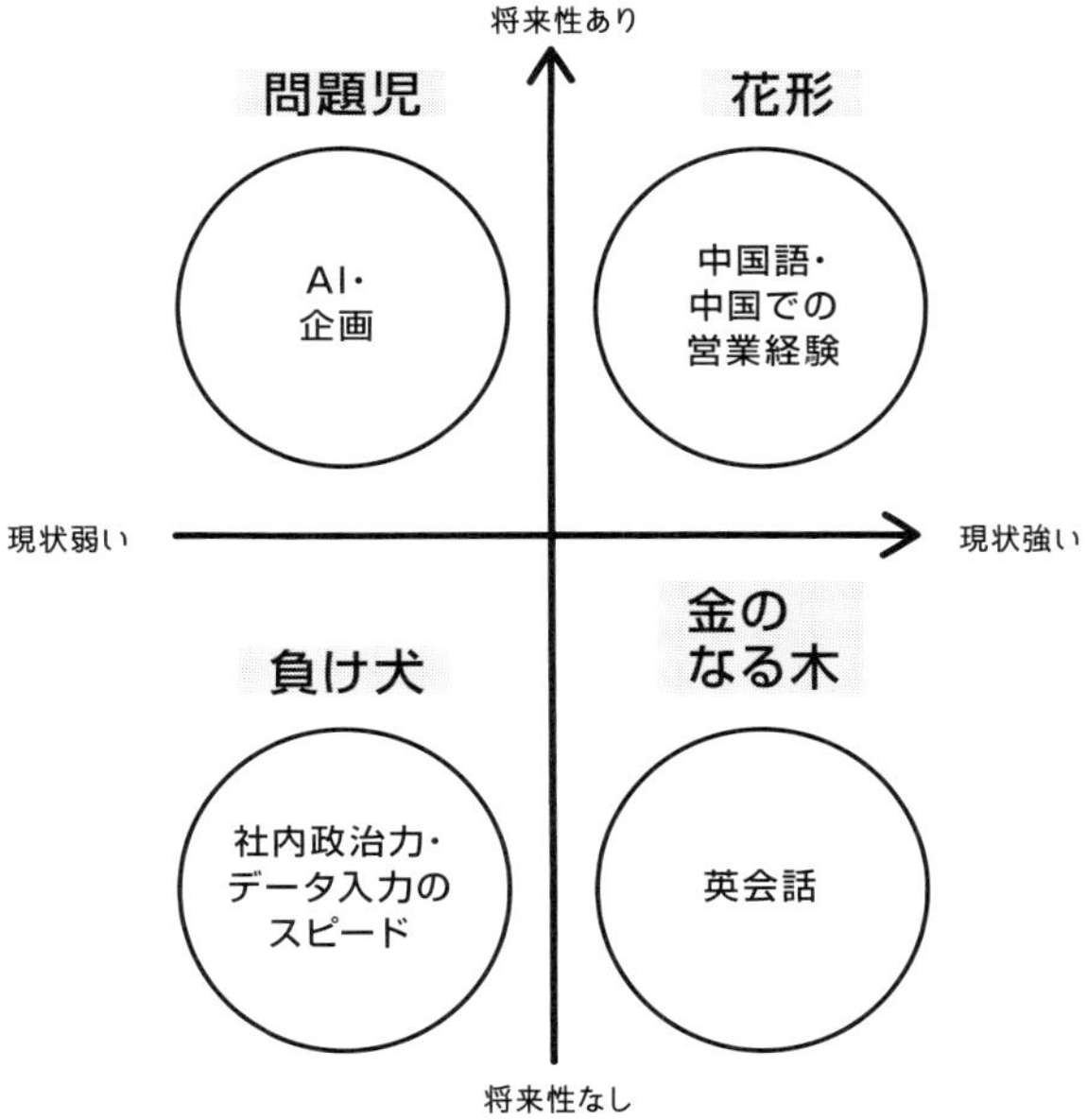


たとえば、5年目の若手ビジネスマンが自分の能力を分析したとしましょう。

このように分析できれば、「これから自分の時間をどのようにつかっていけばよいか？」という問題を前にしてとまどってしまったり、無駄な勉強をしてしまったりすることがなくなるのです。

# 9 分解・フレームワークとは「チェックリスト」にすぎない

少し調べれば、世の中には様々なフレームワークがあることがわかります。業界別、商品別はもちろん、時代に合わせて様々なフレームワークが開発され続けています。フレームワークは先人たちの経験の産物で、有効であることがある程度わかっているものです。

しかし、今あなたの置かれた状況で「完璧に」機能してくれるとは限りません。フレームワークは、目の前の問題を完璧に「モレなくダブりなく」分けているとは限らないのです。

ですから、最初の一歩として活用したり、議論の土台としてまずはフレームワークで主要な項目をチェックしてみて、さらに「気にしたほうがよい項目はないか？」という視点で検証するのがよいでしょう。完璧ではないのですが、完璧を目指しすぎて実行が伴わなくなっては時間の浪費です。

あくまで、「大きな考えモレをなくすためのチェックリスト」として活用するべきなのです。以下、若手の皆さんの身近なテーマで使えるフレームワークを紹介します。

## 営業ヒアリングのBANT

営業のために顧客との面談を設定した時、必ず聞き出しておきたい4つの「チェックリスト」です。

**B：予算（Budget）**
**A：決裁権者（Authority）**
**N：必要性（Needs）**
**T：時期（Timeframe）**

若手の営業マンに会ってくれる相手は実は決裁権を持っていないことが普通です。目の前の担当者は説得する相手ではありません。その上司こそが説得すべき相手です。

なんとか決裁権をもった人に会わせてもらうという工夫はもちろんですが、目の前の担当者が決裁権を持った上司へと説明しやすいように資料を作ったり、説明のポイントを伝えたりして、「自らの代弁者」として背中を押してあげるような状況をつくり出すことが重要ですね。

## プレゼンで伝えたいFABE

営業の場面で、自分の企画・商品を売り込む時に必ず「伝えたい」4つの項目です。

**F：特徴（Feature）**
**A：他社への優位性（Advantage）**
**B：顧客への利点（Benefit）**
**E：証拠（Evidence）**

こうして列挙してみると当然必要なことだと思われるでしょうが、意外といずれかが抜け落ちているということが少なくありません。

これらは、プレゼンを受けている側は言葉には出さなくてもどこかでチェックしているものです。疑問・疑念にしっかり応える内容を、わかりやすく伝えることが求められています。

## 「新しい企画が認められるか」をＶＲＩＯでチェック

元々は企業が保有している資源についてチェックをする項目です。

**Ｖ：経済価値**　顧客がお金を払ってほしがるものか？
**Ｒ：希少性**　他の企業が保有していないか？
**Ｉ：模倣可能性**　真似しやすくないか？
**Ｏ：組織**　保有している資源を有効に活用する組織体制はあるか？

これは、若手の皆さんが「新しい企画」を考えたりした時に「上司や会社に認めてもらえるか？」をチェックする時にも非常に有効です。この４つの項目についてしっかりと答えられるように企画をつくれば、受け入れてもらえる可能性が高まるのです。

どうですか？

「何からやっていいかわからない」というのはあなただけの悩みではありません。多くの先人が悩んでいた問題です。

そして先人たちが試行錯誤した結果が、フレームワークとして残っているのです。

皆さんも、「何から手をつけたらよいか」に悩んだらフレームワークを活用して、大ハズレのない素早い一歩を踏み出してみてください。

そこからさらにその上に自分の経験を積み上げて、自分なりのチェックリスト＝フレームワークをもって仕事ができるようになればよいのです。

# 10 今日から使える重要な「分解」2つ

## 1　プレゼンの「中身」と「伝達」

あなたが営業部のメンバーだったと仮定してみましょう。明日、お客さんにプレゼンをしなくてはいけません。その内容を考えています。今日中に、上司に自分の案を提出してＯＫをもらわなくてはいけません。

こんな時、

「自分なりに案を考えたけれど、これで上司にＯＫをもらえるだろうか？」

と考えてしまう人が多いのです。

これは、

「顧客に受け入れてもらう案を考えること」

「上司に受け入れてもらうこと」

を混ぜて考えているものです。

本来、この2つは別物です。顧客にとってよい案を考える際に、それが上司にどう思われるかというのは考える必要はありません。

顧客にとってよい案を考えて作成し、それから上司のことを別に考えるのです。

これを同時に悩んでしまうと問題が複雑に見えて、どこから手をつけてよいかわからなくなります。また上司のことを考えて、顧客のことを思考の外において立案してしまったりすると、「顧客に受け入れてもらう」という最終目的が達成できなかったりするのです。

小学生でも、「こんな学校に行きたいっていったら、先生に笑われるかな」と考えることがありますね。「自分にとって行きたい学校を選ぶこと」と「それを先生に受け入れてもらうこと」は、やはり別の作業なのです。

## 2 コントロール可能なものと不可能なもの

これは、「自分の能力でできること」と「できないこと」と言い換えることもできます。「自分ではどうしようもないこと」に対して時間・資源を投入することは非効率です。にもかかわらず「いろいろ大変なんだ」という状況ではそれらを混ぜて考えてしまい、本来注力すべき「自分の能力で解決できること」や「コントロール可能な問題」に、十分取り組めていないということが多々あります。

受験を前にして「難しい問題が出たらどうしよう」と、考えても仕方のないことに気を取られて思考が停止したり勉強が横道にそれたりするのは、成績が伸び悩んでいる生徒によくある話です。

わざわざ解決不可能な問題を考慮にいれることで複雑にしてしまい、解きにくくしたり、考えても仕方のないことを考慮に入れて行き詰まってしまったりしないためにも、この分解は普段から是非意識してほしいものです。

**ロジオ**　もう海外赴任はあきらめようかな〜。

**先輩**　どうしたんだ？

**ロジオ**　せっかく英語を上達させようと頑張ってたのに、成果が出なかったんです。

**先輩**　おいおい。英語は上達してるんだろ？　まだこれからじゃないか。

**ロジオ**　英語はうまくなったはずなんですよ。教わった「分解」を使って、「スピーキング」「リーディング」「リスニング」「ライティング」に分けて、勉強法を変えて計画を立ててやったんですから。

**先輩**　いいぞ。で、効果がなかったのか？

**ロジオ**　外国人の顧客とのミーティングを何回か繰り返してみて、気づいてしまったんです。

**先輩**　何に？

**ロジオ**　そもそも、外国人の顧客とのやりとりで必要なのは「英語」だけじゃなかったんじゃないかって。

**先輩**　「そもそも」ね。いい言葉だ。

**ロジオ**　茶化さないでくださいよ。外国人の顧客との面談では、「英語」はもちろんなんですけど、「論理的に話す力」が必要だと思うんです。で、そこが足りないんです。

**先輩** 茶化してなんかないよ。「そもそも」って言葉が出てくるようになったら、ものごとを考える力が大きく進歩したってことだからな。

**ロジオ** そうなんですか？

**先輩** ロジオはさ、まず「英語」を分解してくれたよな？

**ロジオ** はい。

**先輩** 「英語」は「スピーキング」「リスニング」「リーディング」「ライティング」に分けられるんだったな。ロジオが気づいたのは、「英語」っていうものが、より大きな問題、つまり「外国人顧客とのミーティングで必要なもの」を分解した時の要素の1つだったたってことなんだよ。

**ロジオ** どういうことですか？

**先輩** ロジオが最初に考えた分解は、図にするとこうだ。

〔英語分解のロジックツリー〕

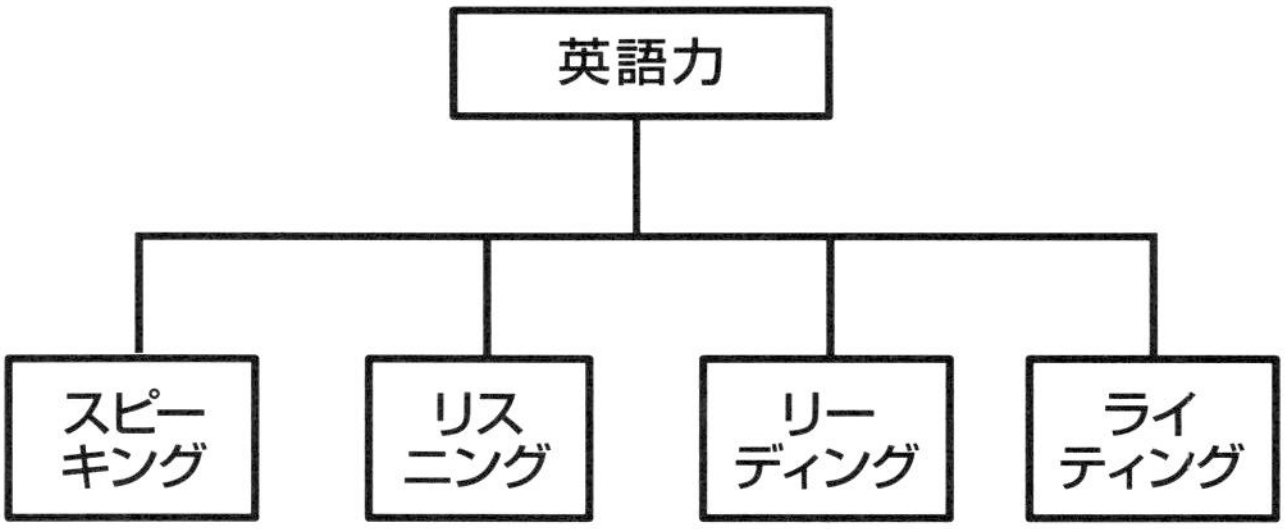


**ロジオ** そうですね。

**先輩** で、実際はこんな感じだったんだ。

**ロジオ** なるほど。木を見て森を見ていなかったって感じですかね？

**先輩** よいことを言うね。まさに、この図は「ロジックツリー」と言われているんだ。前回は、目の前の問題を分けることを学んだけれど、今回はロジックツリーで「より上に問題はないか？」を考えることで、ロジックツリーを作りながら問題を把握する技術を教えてあげるよ。

**ロジオ** お願いします‼

〔ロジックツリー〕

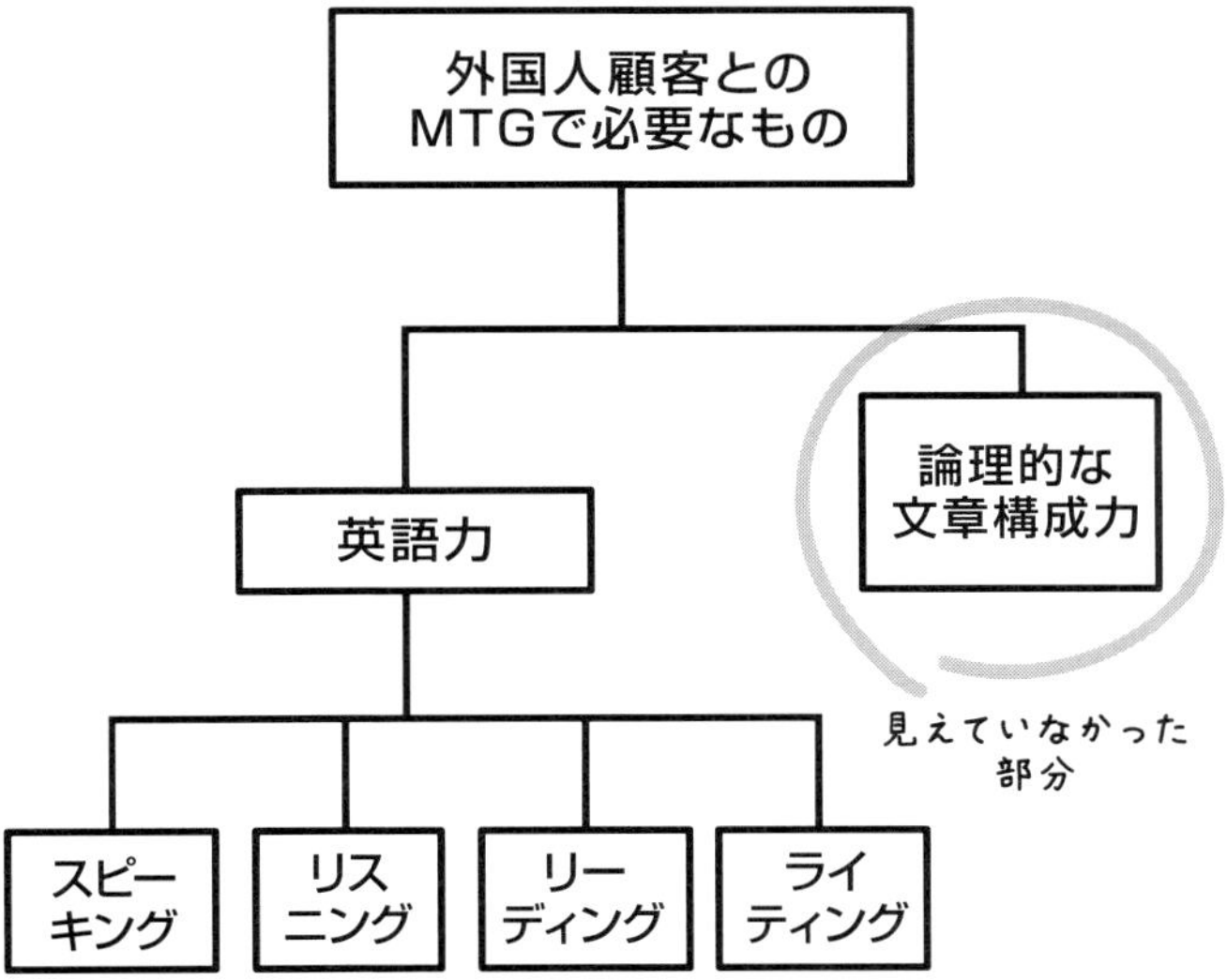
外国人顧客との
MTGで必要なもの
英語力
論理的な
文章構成力
見えていなかった
部分
スピー
キング
リス
ニング
リー
ディング
ライ
ティング

# 11 そもそもなぜこれは問題なのか？

ここまでは、「目の前の問題はどのように分解できるか？」を考えることで、「小さな、手をつけやすい問題を見つける」ことを目指しました。

たとえば「貯金を増やす」は「収入を増やす」と「支出を減らす」に分けられますし、商品開発を考える時には、ＳＴＰというフレームワークを使えば「市場を決める」「その中でターゲットを決める」「そしてターゲットに対する立ち位置を決める」という3点に順序立てて取り組めばよいということがわかりました。

今回は、さらに「目の前の問題はより大きな問題の一部なのではないか？」と考えてみます。ここでのキーワードは、ロジオくんも口にしていた「そもそも」です。

「そもそもこれはなぜ問題なのか？」と問題を深掘りすることで、「より根本的な問題」を発見するのです。

〔ロジックツリー〕

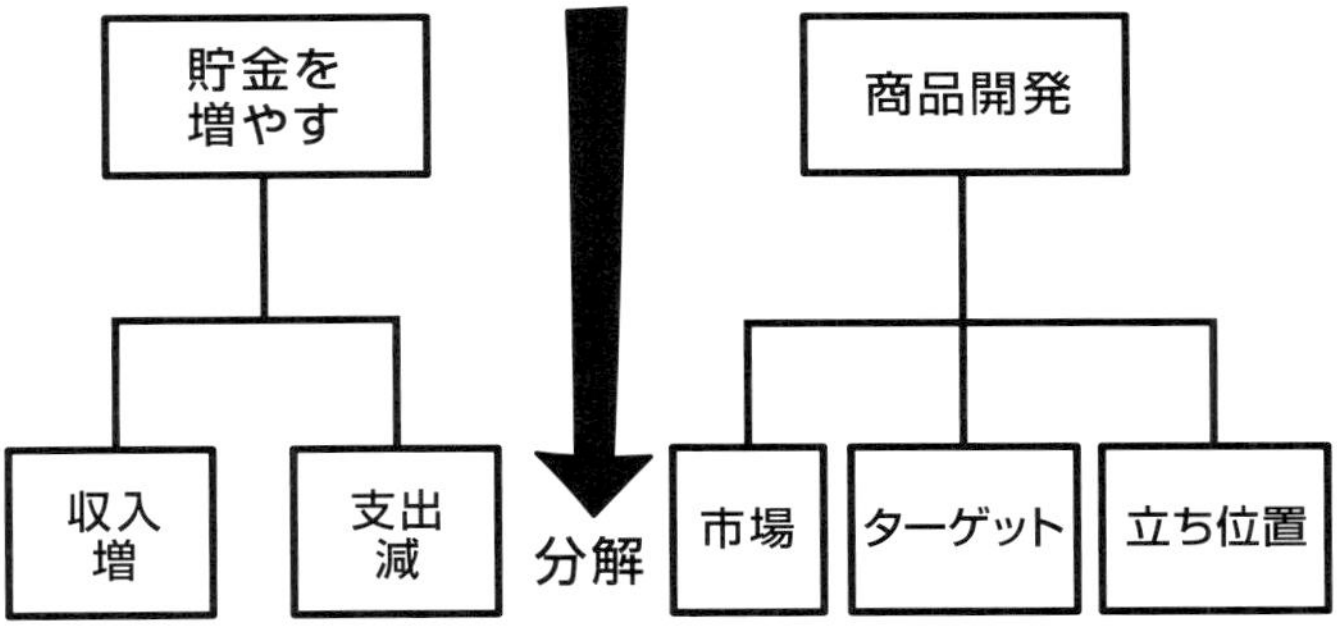


たとえば「貯金を増やす」を、「収入を増やす」と「支出を減らす」に分解すると同時に、「そもそもなぜ貯金を増やす必要があるのか？」と深掘りしてみましょう。

その結果、あくまで一例ですが、「老後の生活に安心したい」というような根本的な問題を発見できるのです。

そうすると、「老後の生活に安心する」という大きな問題はどのように分解できるかを考えることができます。

分解した時の要素の1つは「貯金を増やす」ですが、さらに「定

〔ロジックツリーで老後まで考える〕

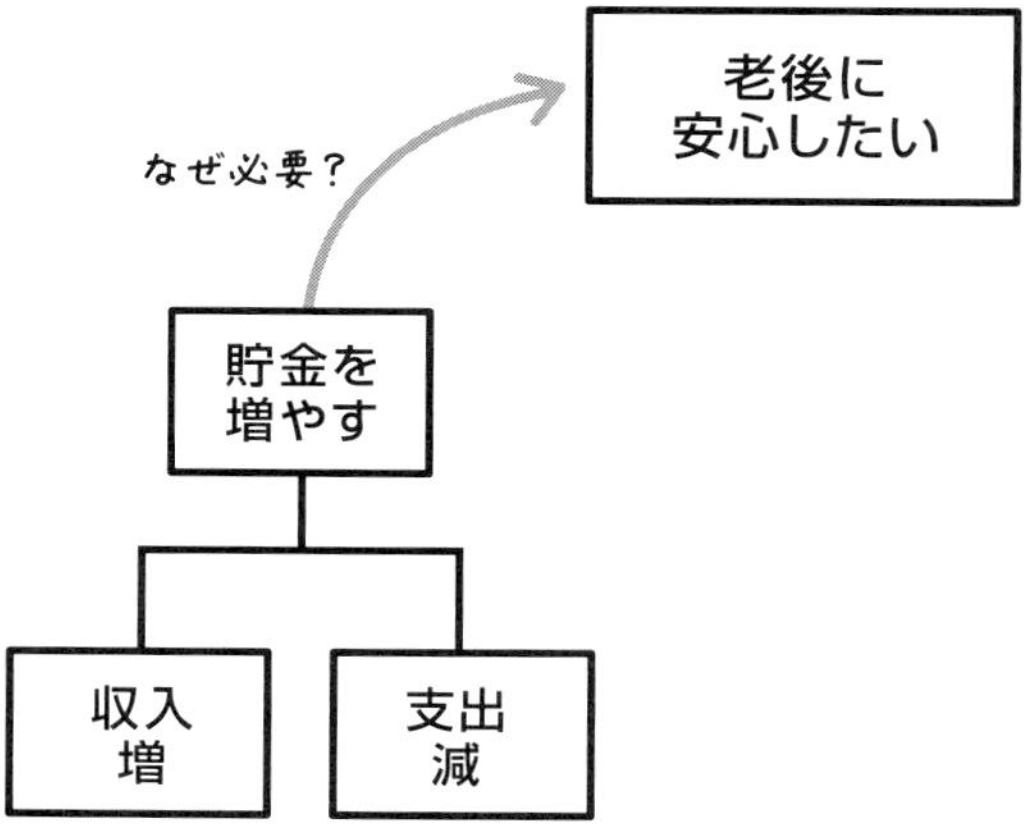


年後も働けるように資格を取得する」といった要素を見つけることもできるのです。

そうすることで、「貯金を増やす」と「資格を取得する」という2つの問題の存在に気づくことができるのです。

〔遡ることで打ち手が広がった〕

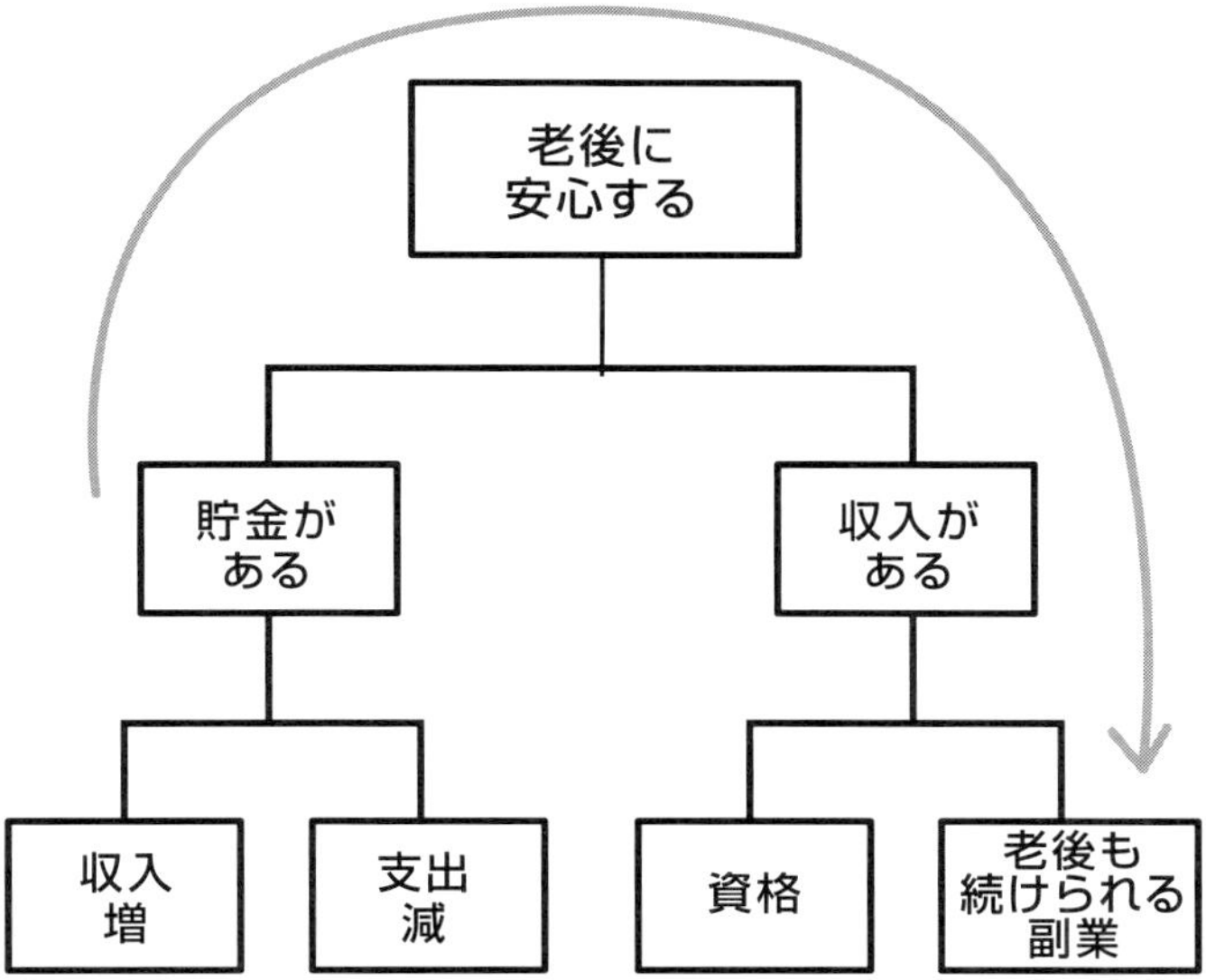

## 12

# 新たな問題の発見は、新たな解決策の発見でもある

「貯金を増やす」と「資格を取得する」の2つの問題が見つかったことで、解決すべき問題が増えてしまったと悩む必要はありません。この場合、「老後の心配」を解決するには、「貯金を増やす」でも良いし、「資格を取得する」でも良いのです。つまりどちらか一方で解決してもよいということです。貯金を増やすのは難しいけれど、現在の業務を利用して資格試験を受験することができるという解決策が生まれたと言えるでしょう。

たとえば「少子化対策」を考えてみましょう。「子ども手当」や「幼児教育の無償化」、「産休・育休の充実」など様々な問題に分割され、対策が取られています。

ここで、「そもそもなぜ少子化が問題なのか?」を考えてみましょう。

そうすると、「労働人口が減って、社会保障を支えることができない」という根本

〔ロジックツリー〕

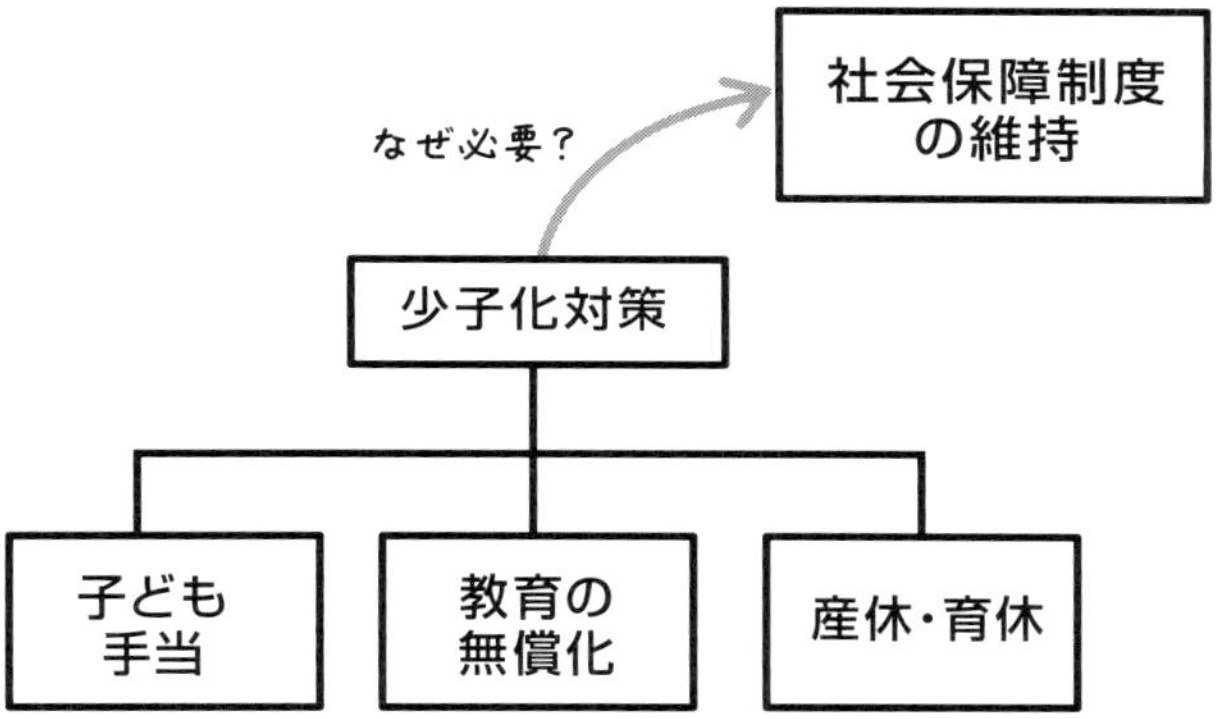


的な問題を発見することができます。

ここから、「労働人口が減る中で社会保障を支える」という問題を、どのように分解して考えることができるかを考えます。そのうちの1つが「少子化対策」です。

たとえば、

**・移民によって労働人口を増やす**
**・社会保障の支出を減らす**

といった問題を考えることができれば、「少子化の解消」という問題以外に解決の道が見えてくるのです。

〔ロジックツリー完成版〕

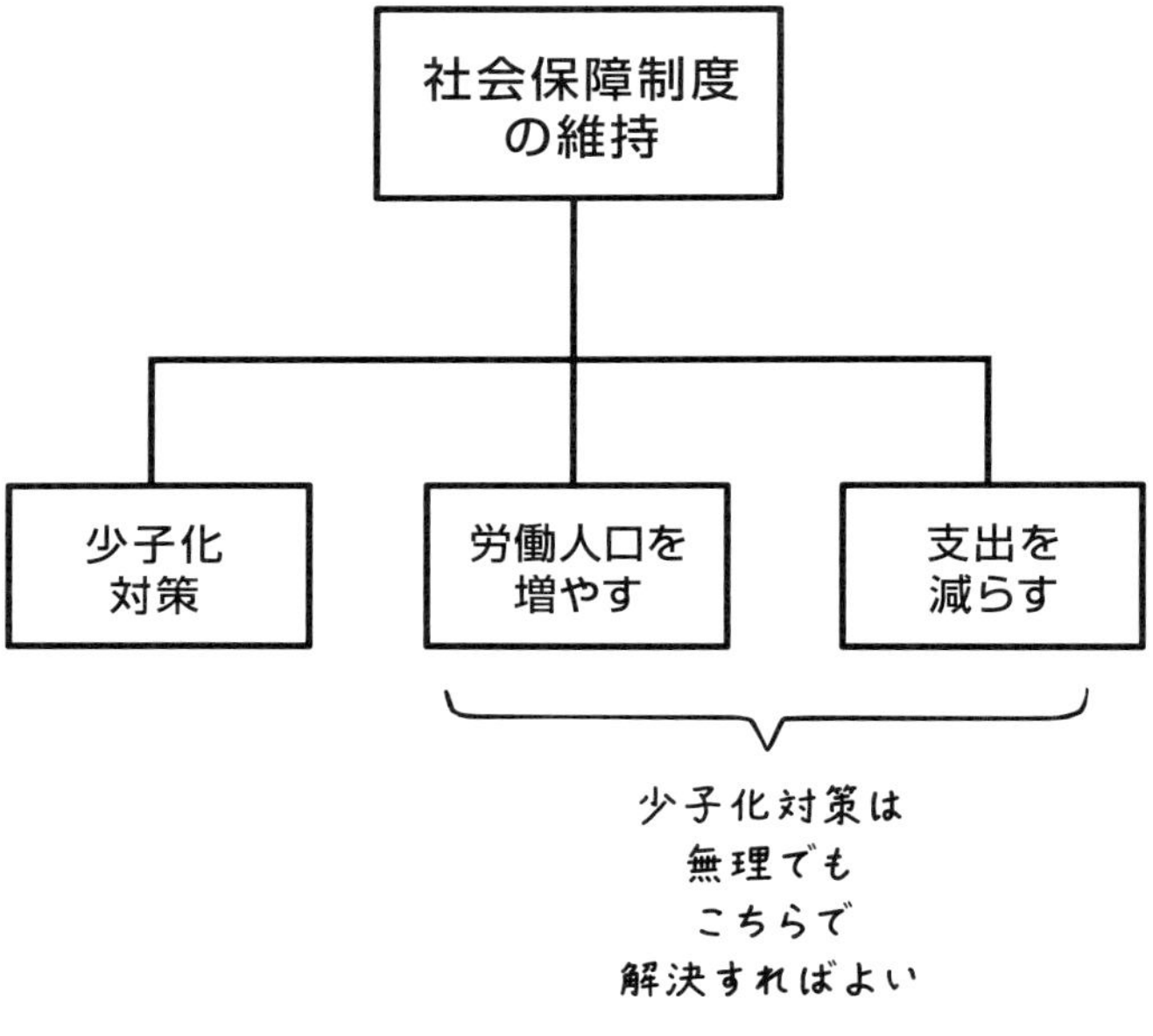
社会保障制度の維持
少子化対策
労働人口を増やす
支出を減らす
少子化対策は無理でもこちらで解決すればよい

# 13 よい仮説とは「行動につながり、確認できるもの」

ここまで目の前の問題を分解したり、「そもそもなぜ?」を考え、ロジックツリーをつくることで見えていなかった問題をあぶり出したりすることで、「ここに手をつければよいのではないか?」という候補を見つけ出す技術を学びました。

フレームワークなどのチェックリストを使ったとしても、「的外れ」だったり「考えモレ」が出てしまうリスクはゼロではないのですが、これらを意識することで「何をしたらよいかわからない」というパニック状態は抜け出せるようになるはずです。

この時点でも「自分の見立てた問題は的外れではないのか?」とか「どれが一番良い結果を生むのか?」という悩みは尽きないと思います。そんな時は、是非 Part1 を思い出して、効率のよい試行錯誤で進んでいきましょう。

最後に「よい仮説とは」について、1つ重要な補足です。もちろん解決に近いものが結果的には「よい仮説だった」ということになります。経験のある上司から「それは解決に近そうだ」という判断がされるのもよい仮説かもしれません。しかし、そんなことはあくまで「確実ではない」という点では五十歩百歩です。

結果が出そうかどうかはもちろんなのですが、皆さんにまず意識していただきたいのは、「行動につながる仮説」です。

たとえば「算数の成績が悪いのは勉強量が少ないから」という仮説を立てたとしても、「勉強量を増やそう」という裏返しの対策しか生まれませんし、行き詰まります。

そこから一歩進んで「テレビゲームの時間が長すぎて勉強量が少ない」や「計算が遅すぎてこなせる問題数が少ない」などの掘り下げがあれば、「テレビゲームの時間を削ろう」や「計算練習を優先して取り組んでみよう」という行動につながり、その仮説の正しさを確認することができます。

Column 2
リーダー・保護者のための

# 「不確実」を許容する雰囲気づくりをしよう

子どもたちも若手も、「仮説」という不確かなものを自分の選択として発表することに恐怖心を覚えています。小さな頃から「正解」を発表するのが善であり、「間違い」は悪だったことが染み付いているのです。

どのように「仮説」を立てるかについて技術を紹介してきましたが、指導する側がまず第一に考えなくてはいけないのは子どもたちや経験のない若手が、「仮説」の発表を怖がらないようにする雰囲気づくりです。

最初のうちは、彼らは仮説を「あたかも絶対正しい」かのように発表してしまうでしょう。なぜなら、「正解を求められている」と勘違いしているからです。そこで「それって本当?」というツッコミを入れると、あたふたしながら「本当です」と言い訳をしながら仮説に仮説を積み重ねてしまうか、「やっぱり引っ込めます」

となってしまうゼロか100かの思考になってしまいます。

小さな会議でも組織としても「100%とは言えなくても仮説を発表するのはよいことである」ことを随時声に出して確認してあげることが有効です。また「その仮説が本当か？」という言葉遣いを避け、そもそも本当ではなく100%の嘘でもないという前提のもと、「他にどのようなストーリーがあり得るのか？」という議題にすぐに移るよう促していくことが大事です。

「仮説」の構築と発表に慣れていない人は「本当か？」と追い詰められると「本当です」と嘘をついてしまいます。仮説段階なのに、すでに確定事項のように報告してきて、上司も騙されてしまうことがあるものです。そして、結果を見てびっくりという事件はあらゆる部署で発生しています。

「技術よりまずは雰囲気づくり」を是非お忘れなく。

# Part 3

## 失敗を成功の元にする技術

ロジオ　心が折れそうだわ〜。

先輩　どうした？

ロジオ　先輩のアドバイス通り、色々と挑戦できるようにはなったんですけど、おんなじ結果になったり、次に何をしたらよいかわからなくなったりで「前に進んでる」って感じがしないんですよ〜。

先輩　でも、あんなに怖がりで動けなかったことから比べたら大きな進歩だよ。

ロジオ　そうですかね？　今日もうまくいかなかったんですよ。

先輩　何があったんだ？

ロジオ　いま、新しい製品の宣伝を担当してるんです。で、何から手をつけたらよいかわからなかったんで、「宣伝」ってのを分解してみたんですよ。

先輩　いいね。どう分解したの？

ロジオ　なにぶん初めてだったんで、有名な「ＡＩＳＡＳ」っていうフレームワークで分解してみました。

先輩

Ａ：認知（Attention）

I：関心 (Interest)
S：検索 (Search)
A：行動 (Action)
S：共有 (Share)
というやつだね。とりあえずよいフレームワークを見つけて使えてるんじゃないか？

**ロジオ** で、僕なりにそれぞれ打ち手を考えたんですよ。うちの会社の過去の成功・失敗事例を調べたりして。

**先輩** 案に終わらず試したんだろ？

**ロジオ** はい。ビビってちゃダメだってことで、全部試しました。本番前ってことで何回もテストできますからね。で、何度やっても思ったような反応がないんですよ。毎回色々思いついたものは全部盛り込んでるんですけどね。

**先輩** 毎回全部ね……。

**ロジオ** でもいつまでたってもよい結果につながらないと、挑戦しても意味がない気がしてきちゃって。センスがないんですかね。

先輩　そんなことないよ。SATEのT（トライ）「挑戦しようという姿勢」と、A（アナライズ）「分解して挑戦すべき問題をみつける技術」を学んだロジオには、E（エラー）「失敗を上手に活かす技術」ってのを教えてあげようかな。

ロジオ　先輩！　早く教えてくださいよ！

先輩　ポイントは、
・失敗した時に原因を探りやすい形で挑戦すること
・結果から「言えそうなこと」を正しく読み取ること
の2つだ。

ロジオ　どういうことですか？

先輩　まず、毎回思いついた工夫を、全部反映させて実験してるって言ったよな。

ロジオ　はい。

先輩　うまくいかなかったって言ってるけど、その工夫全部が悪く作用したとは限らないんじゃないか？

ロジオ　そうか。

**先輩** 実験っていうのは、結果が出た時に「比べやすい」ように設計しておくことが大事なんだ。３つの参考書を使って勉強して結果が出なかった時に、３つとも悪い参考書だったとは言えないだろ？

**ロジオ** 確かにそうですね。

**先輩** だから、結果を比べやすいように新しい工夫を全部盛り込んで１つの実験をするのではなくて、１つの実験には新しい工夫を１つだけ盛り込んで、その工夫の効果の有無を検証しやすくしないといけないな。

**ロジオ** じゃあ、ぼくがダメだと思って捨てた案にも実は良い案だったってのがあるかもしれないですね！

**先輩** そうだな。

**ロジオ** 失敗からの読み取りってどういうことですか？

**先輩** まずは結果を比較しやすいように実験するってことが前提なんだけど、失敗した結果から情報を正しく読み取って、次に活かすことが大事なんだ。

**ロジオ** 失敗をさらに読み間違えたら大損ですね。

**先輩** そうだ。具体的な技術はこの後紹介していくよ。

# 1 「失敗情報」こそが、プロへの道

社会人にとって「小さな失敗」は非常に価値のあることです。

「勝ちに不思議の勝ちあり、負けに不思議の負けなし」というのは野村監督で有名になった江戸時代の大名の言葉ですが、ビジネスの世界では「負けに対して準備をして避けたい」という強い力が働いています。負けや失敗には、ある一定の法則があると考えられているからです。

私のコンサルタント時代にも「失敗事例」は非常に重要視されていました。

世の中には「ベストプラクティス」と呼ばれる成功事例が色々な本で紹介されたり、プレゼンテーションの中で都合よく引用されていますが、ビジネスの現場ではそういったものを無条件で信じ込み、採用するような顧客はほとんど存在しません。せいぜい立ち読みと雑談の題材ぐらいにしかならないのです。

## 〔失敗経験の効用〕

1 同じ失敗を2度としない

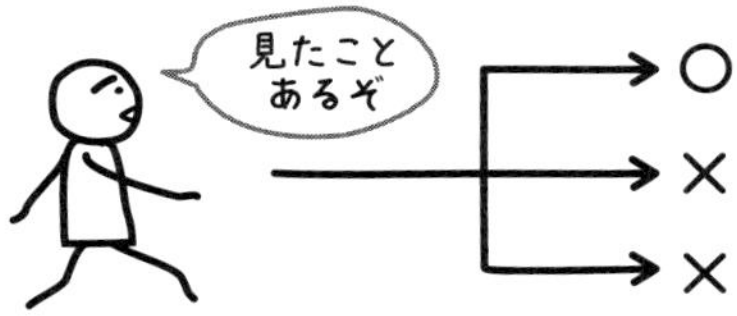


2 失敗から素早く、上手に次へと移るスキルが身につく

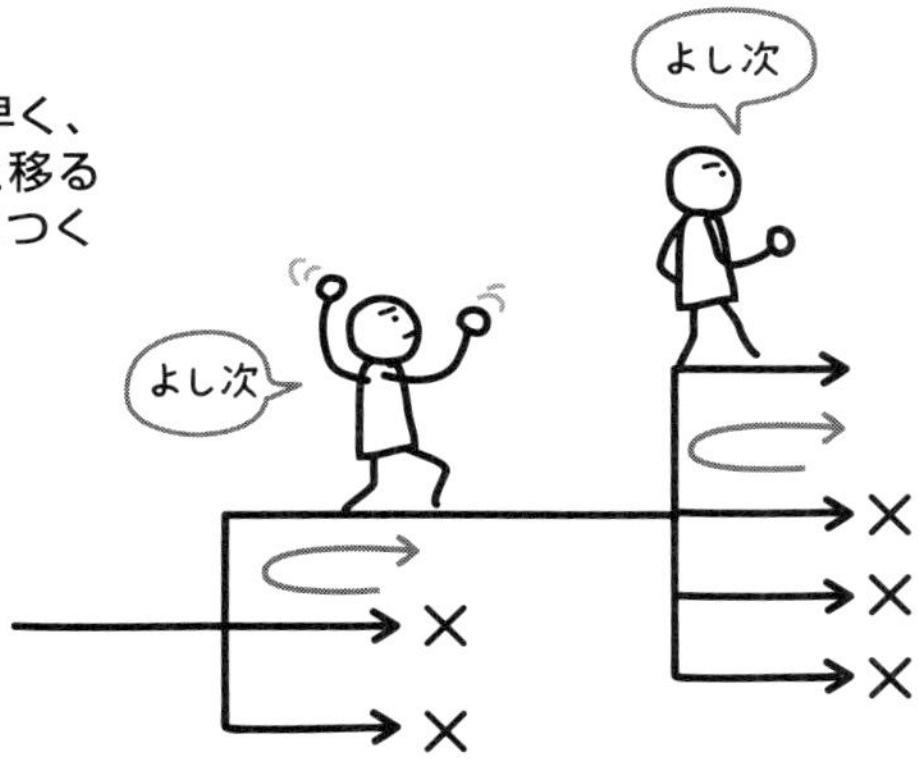

たとえばユニクロで有名になったＳＰＡ（製造小売業）を成功事例としてそのまま採用しても、ほとんどの企業は失敗に終わります。重要なのはユニクロが現在のシステムをつくるまでにどのような失敗をして、それをどのように修正してきたかという情報なのです。

ＳＰＡ自体はユニクロ以前にも存在しています。ユニクロのように成功していない事例も沢山あります。そしてその情報こそ、ＳＰＡの採用と成功に関してもっとも重要な鍵なのです。

私たちは「成功事例」に囲まれて生きています。ＳＮＳなどでは華麗な成功事例ばかりですね。だから失敗が怖くなり、「間違いない案」を追い求めてしまいがちです。

しかし、美しい成功だけを連発しているような人は存在しません。上質な成功事例の裏には必ず上質な失敗があります。

言い換えると、うまく失敗できる人が勝つのです。

## 2 基本的な「比べる」技術

たとえば算数のテスト対策として、「計算問題集」と「図形問題集」に取り組んで成績が上がったとします。すると「計算問題集」と「図形問題集」のどちらのおかげで成績が上がったのかはわかりません。両方とも効果があったのかもしれませんし、どちらか一方しか効果がなかったのかもしれません。実験をして、結果が出たとしても、そこから効果的な次の打ち手を導き出すことができないのです。

実験というのは必ず「結果を次に活かす」ために行うものです。「成功した」「失敗した」で終わるものではありません。ですから、「うまくいくこと」を想定するのではなく、「うまくいかなかったら」を想定して計画しなくてはなりません。

たとえば、ソニーが開発したCDウォークマンの例があります。大きく普及させるために「どのような機能が可能で、どのような機能が売れるのか?」を検討したいという思いがありました。

そこで、ソニーは様々な機能をすべて盛り込んだ商品を市場に送り出すのではなく、少しずつ搭載機能や特性を変えた製品を平成元年～2年の2年間で10種類以上用意して市場に投入しました。

そして、それぞれの製品の売り上げや顧客の反応を吸い上げて分析することで、必要な機能と不必要な機能を区別し、売れ筋商品をつくりだすことに成功したのです。

このように、「比べる」には、必ず「比べたい部分以外は同じである」というルールがあります。適切に比べる技術を持つことで、結果から正しく情報を引き出せるようになります。また、適切な実験を設計できるようになります。

ロジオくんが気づいたように、「全部盛り」では、どこが結果に影響を与えているのかがわからなくなります。大きな投資を伴う全部入りの実験ではなく、小さくてもよいので「差を明らかにする」ことを意識したバージョンを用意しましょう

ＣＤプレイヤーなどを実際に複数パターン用意するのはなかなか難しいのですが、

サービスやネットの世界などでは、複数パターンを素早く実験することで「よりよい製品」に仕上げていく手法がより簡単に実現しています。

たとえば「ＡＢテスト」という手法があります。私たちがパソコンやスマホで閲覧している企業のサイトは、実は見る人によって複数パターンあるのです。Ａパターン、Ｂパターンと用意されています。

その中で企業側はユーザーの反応を瞬時に集計して、より効果的なほうに統一していくのです。

「素早く実験して、結果を正確に比較する」技術は、正解がない中で前進していかなくてはならない現在の状況では、勝敗を分けるもっとも重要な要素だと言えるでしょう。

## 3 仮説とは「原因と打ち手」を必ずセットにして

私たちが考える打ち手は、「うまくいくかもしれない」という仮説です。あくまで不確定性のあるものですから、うまくいかなければ仮説を再検証する必要があります。

ここで注意したいのが、「仮説とは原因と打ち手をセットにして考えるもの」ということです。

たとえば、「営業成績がよくない」という問題を考えてみましょう。

その打ち手として、

- **見込み客への電話の回数を増やしてみる**
- **顧客への提案単価を上げてみる**
- **商品の値引きをして多く購入してもらう**

などを思いついたとしましょう。あくまで「仮説」ですから、これらが「うまくいきそうかどうか」というのは大きな問題ではありません。どれから試すかというのも、経験や情報などで良し悪しはありますが、あくまでそれも仮説です。

しかし、これらには「なぜその打ち手を選ぶのか？」という問題に対する原因の考察が抜けています。

・**見込み客への電話の回数を増やしてみる**

という打ち手の結果、営業成績が上がらなかったとしましょう。

もし、ここで「なぜ」見込み客への電話の回数を増やしてみるのかを考えていなければ、次の仮説である、

・**顧客への提案単価を上げてみる**

に、あっさりと移ることになります。

実はこれは、単に「打ち手」を変えただけではありません。

・**見込み客への電話の回数を増やしてみる**

という打ち手は、その背景に、

・**成約率は企業・営業マンごとに差がないので、接触する潜在顧客の数を増やすべき**

という「原因」の仮説があります。

そして、

**・顧客への提案単価を上げてみる**

という打ち手の背景には、

**・既存の顧客にはまだ購買余力があり、新規開拓よりも楽である**

という「原因」の仮説があるのです。

つまり、「打ち手」を変えただけでなく、「原因」つまり「解決すべき問題」自体も変えたことになります。

本来、「仮説」は「原因」と「結果」がセットになっています。

「原因の仮説は正しいが、それに対する打ち手の仮説が誤っていた」

のか、

「原因の仮説を間違えていたために、打ち手に効果がなかった」

のかの両面で検証しなくてはいけないのです。

**・成約率は企業・営業マンごとに差がないので、接触する潜在顧客の数を増やすべき**

という「原因」の仮説が正しいとするのであれば、引き続いて、

**・さらに接触人数を増やしてみる**
**・増やす接触人数の属性について再検証してみる**

という打ち手が考えられます。

この原因の仮説が誤っていると判断されたのなら、次の「原因と打ち手」の仮説である、

「既存の顧客にはまだ購買余力があり、新規開拓よりも楽であるので、顧客への提案単価を上げてみる」

に移ることになるのです。

「原因」の検証のないまま、思いついた「打ち手」を試しているのでは「結果の検証」が十分ではないのです。

あくまで仮説は「原因と打ち手」がセットなので、結果を受けて検証すべきは「打ち手」の正当性と「原因」の設定の正しさの両方です。

仮説はあくまで仮説ですし、その検証自体もあくまで仮説です。

しかし、目の前にある「検証すべき対象」を見逃してしまうことは、せっかく目の前にある実験結果を無駄にしてしまっているのです。

〔仮説＝原因＋打ち手〕

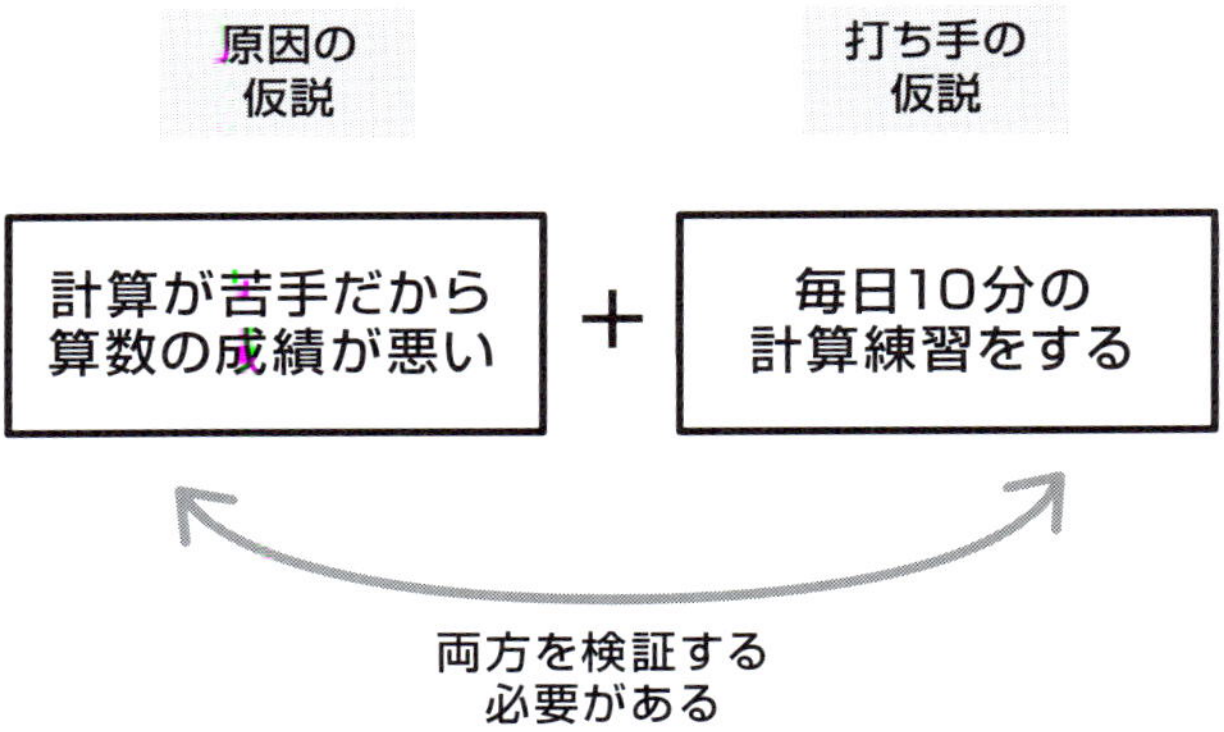
原因の
仮説
打ち手の
仮説
計算が苦手だから
算数の成績が悪い
＋
毎日10分の
計算練習をする
両方を検証する
必要がある

# 4 相手から読み取りたいことリスト

顧客や上司に自分の案をぶつけた時に、「受け入れてもらえた」と「受け入れてもらえなかった」の二つに一つという結果では、次に活きてきません。提案の場とは、相手の反応を受け取り、対話によって自分の意見をブラッシュアップする場です。プレゼンの場とは「伝える3割、聞くのが7割」ぐらいに捉えておきましょう。

確認したい点は、大きく分けて2つです。

- **先方が受け入れられる枠を超えていないか？**
- **先方が信じていないストーリーはどこか？**

まず1つめは、人・モノ・金・時間という先方が想定している枠との整合性です。

明らかにしてもらえていなかったり、競合との比較になっていて見えにくい場合が多いものです。しかし、この点で相手の考えている枠を超えていると、検討の土台にすら上がらないでしょう。ヒアリングのフレームワークでも、

**B：予算（Budget）**

**A：決裁権者（Authority）**

**N：必要性（Needs）**

**T：時期（Timeframe）**

がありましたね。これらは、案を披露してからの反応としても非常に大事です。「よい案だと言っていた」「検討してくれると言っていた」という、うわべだけの情報を持ち帰ってはいけません。

次に「先方が信じていないストーリーはどこか？」です。これも、プレゼンで伝えるべきことのフレームワークに、

**F：特徴（Feature）**

**A：他社への優位性（Advantage）**

Ｂ：顧客への利点（Benefit）

Ｅ：証拠（Evidence）

というものがありました。この４つについて、「どこか疑いをもっていないか？」という点を必ず情報として受け取っておきたいのです。

提案の中には、「こうすれば、こうなる」という未来に関する「よい期待」が必ず含まれています。しかし先方は、「本当かな？」という疑問を間違いなく持っています。なにしろ相手は四六時中そういった「都合のよい営業話」を受け続けているのです。

皆さんもちょっと立場を変えてみれば、そういった話・情報にさらされているので理解できるはずです。

そこで、一方的な提案ではなく「対話」によって疑問点を共有できれば、相手の希望を叶えるかたちでの「改善」が実現していくのです。

そして、相手はそのような対話を何より待っています。

# 5 データの読み取りでの注意点

打ち手を実行して、その結果が数字で上がってくることもあります。ここでは「読み取り」に関する重要なポイントについて簡単に紹介します。

## 1 データは点ではなく推移で考える

「売り上げ目標はいくらで、今回はいくらだった」という今しか見ていないと、数字はほとんど何も教えてくれません。

**・ここ数ヶ月～数年でどのような推移なのか**
**・同じ時期の売り上げをこの5年比較するとどうか**

といった流れを把握することで「営業マン個人の頑張り」だけではない要因や対策が見えてきます。この時に、自分・自社だけでなく他の営業マン・他社・業界全体な

〔様々な「比較」で見えてくる〕

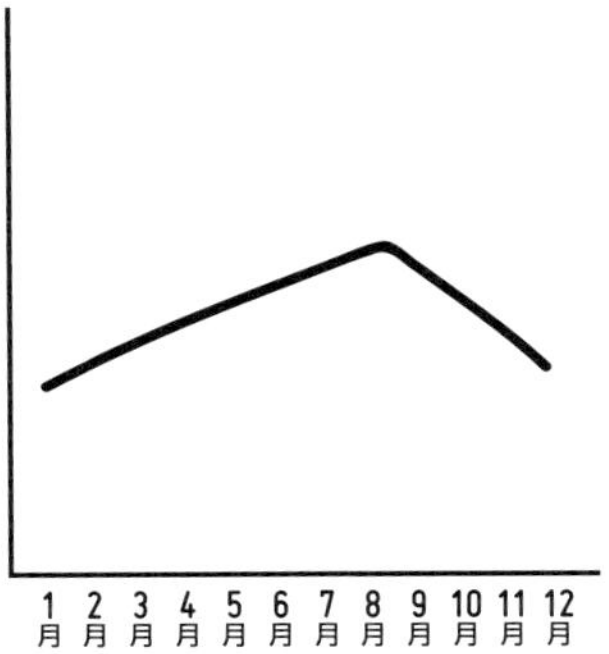


数ヶ月の推移

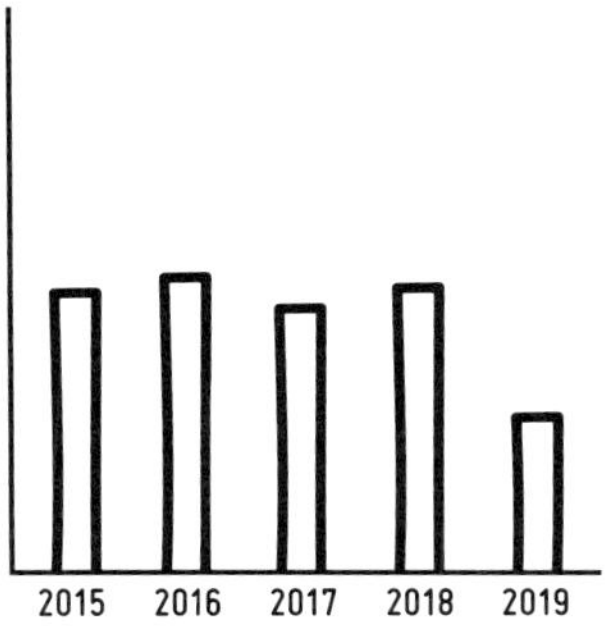


毎年6月で比較

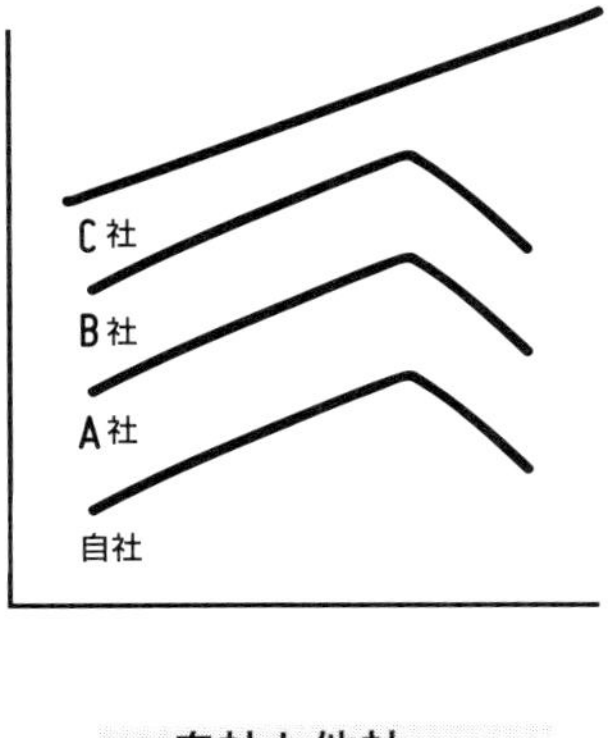


自社と他社

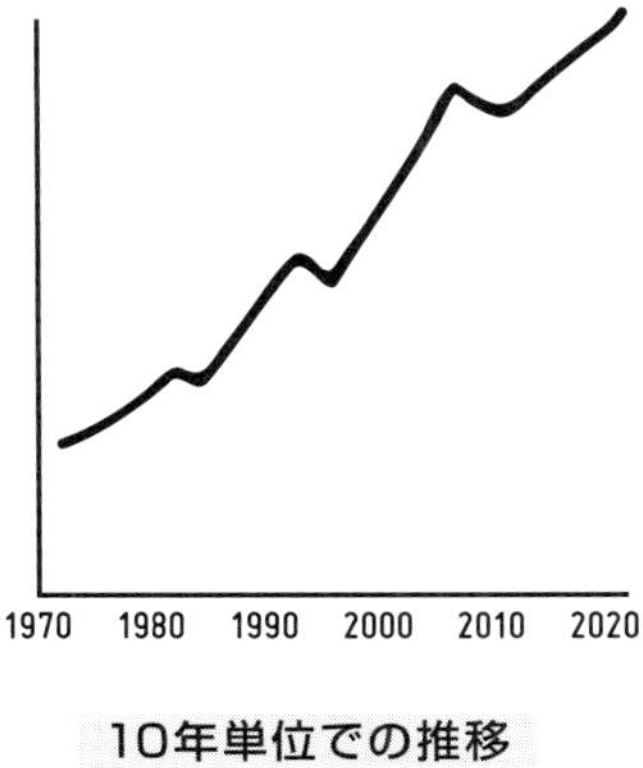


10年単位での推移

どの数値も並べてみると、さらによい分析の材料となるでしょう。

## 2 量か割合か

たとえば売り上げ自体は減少傾向だ、しかし業界でのシェアは高まっているという状況では、売り上げという「量」を高めようとしても非効率ですね。業界自体が縮小しているからです。このように単純に「量」という数字を追い求めるのではなく、つねに比較対象を意識して「割合」も検討材料として用意する習慣をつけてください。

たとえば東大合格者「数」一位は40年近く開成高校です。しかし、在校生に対する合格率では開成高校を遥かに凌ぐ学校が存在します。「量」はシンプルでインパクトがあるだけに引っ張られがちですが、一手間かけて「割り算」をしてみましょう。

以前、ある顧客からの「広告の売り上げが年々落ちている！ 他社に奪われているのではないか！」という相談を分析したところ、そもそも顧客の広告予算自体が下がっていて、その広告予算のほとんどすべてを受注していたということがありました。

この場合、目の前の広告担当者より上の会社全体の予算決定者へのアクセスを考えないと、これ以上の売り上げ増は望めないということになります。

〔量、業界の低下〕

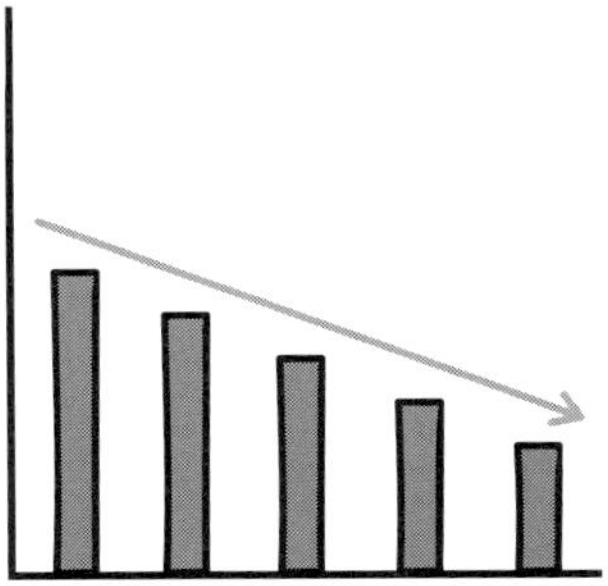

自社の売り上げが低下

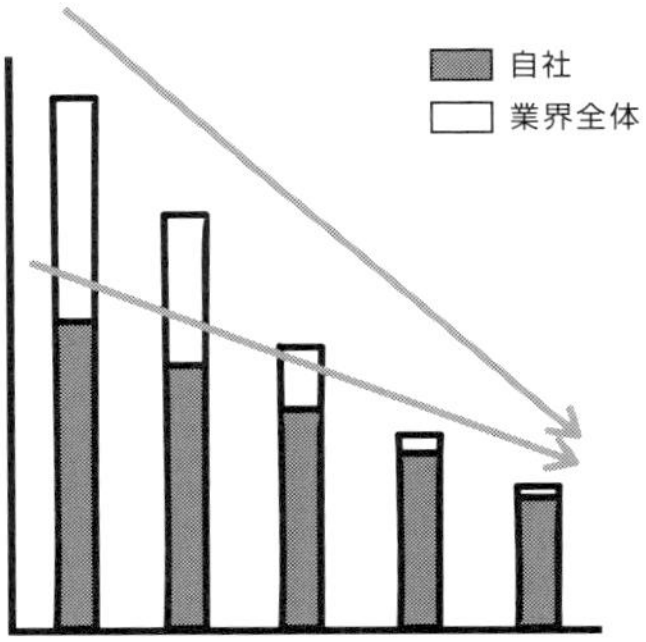


業界はもっと低下

〔散布図〕

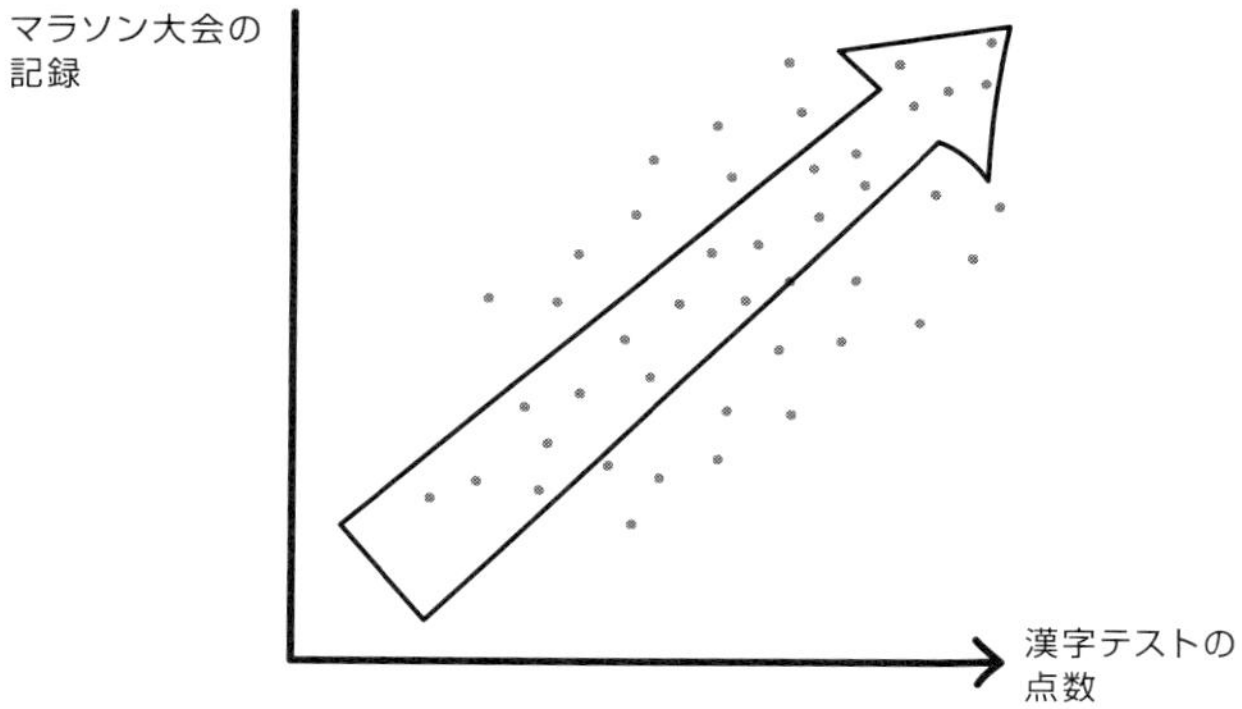


## 3 相関か因果か

次のグラフは、ある小学生のクラスの「漢字テストの点数」と「マラソン大会の記録」の2つについて各生徒の分布を表したものです。

どうでしょうか？　明らかに「漢字テストの点数が高いとマラソン大会の記録もよい」ということが言えると思います。明らかにこの2つには「関係」がありそうですね。しかし、「漢字の点数を高めれば、マラソン大会の記録も良くなる」のでしょうか？　それはなさそうです。

ここには「関係」はあったとしても、「漢字の点数」が原因で「マラソン大会の記録が高まる」という、因果関係はないのです。

このように、同じ傾向を示しているに過ぎないものを「相関関係」といいます。

おそらく「頑張り屋さん」という同じ能力が求められるので、「漢字テスト」と「マラソン大会」には同じような結果が見られるのでしょう。

「相関関係」に過ぎないものを「因果関係」と見誤ると、効果のない打ち手となってしまいますので注意が必要です。

## 4 逆は必ずしも正しくない

うちより業績のよいA社もB社もC社も同じシステムを使っている。だからわが社もそのシステムを導入するべきだ。

これは、「業績のよい会社ならばこのシステムを使っている」という事実について、論理的には「逆」と呼ばれる「このシステムを使えば業績がよくなる」と読み替えてしまっている誤りです。

人は自分に都合がよかったり、信じたい案を支えてくれるような情報を意識して集めてしまう傾向があります。確証バイアスと呼ばれています。

〔逆は正しくない〕

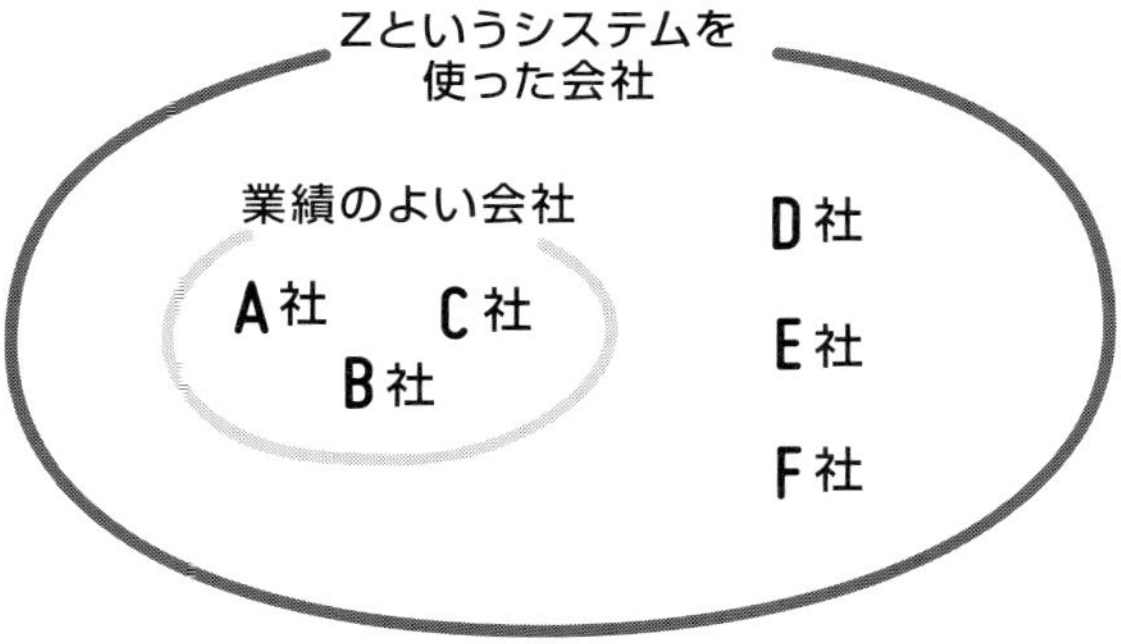


都合のよい例だけに注目していないか？

この場合、最近倒産したD社やE社、F社も同じシステムを使っているかもしれません。また、自社には明らかにフィットしないシステムかもしれません。そういった多角的な視点で読み取らなくてはいけません。

ビジネスの世界では、多くの情報から引き出した共通ルールはあくまで「ある程度妥当性がある」に過ぎません。どんなに都合のよい情報が揃ったとしても、100％などありえないのです。

情報を受け取る場合だけでなく、発信する場合にも、その点を勘違いしないように気をつける必要があります。

これらは分析の場面だけでなく、普段の情報収集や会話の中でもつまずくことが非常に多いものです。専門家でもない限り、強く意識しなければ大概の方が陥ってしまうはずです。

私はアイデアノートの裏表紙に、これらの注意事項を貼っています。

「言えそうなこと」を考える時には、是非意識してください。

**ロジオ**　やっぱりかなわないわ〜。

**先輩**　どうした？

**ロジオ**　同期にすごいアイデアマンがいるんですよ。

**先輩**　へー。

**ロジオ**　ぼくも先輩に教わったように、準備をして試行錯誤をしてるんです。でも、その同期は「うまくいかないな〜」とか言ってたと思ったら、いつも僕には思いつかないような案を持ってくるんですよ。

**先輩**　試行錯誤で色々な案を思いつくんだな。

**ロジオ**　ぼくだって、失敗をしっかり分析して次の案に活かしているつもりなんですけどね〜。

**先輩**　それだけできれば上出来だぞ。

**ロジオ**　やっぱりセンスが違うんですかね。

**先輩**　センスね〜。

**ロジオ**　この間、お客さんからの要望があったんですけど、僕は「そんなサービスも商品もうちにはないよな〜」って思ってあきらめちゃったんですけど、あいつは意外なサービスを提案してお客さんを満足させちゃったんですよね。

**先輩**　ほー。

**ロジオ**　確かに、後から考えるとそのサービスでもお客さんは満足するよなって思うんです。僕みたいななんにも思いつかない人間は、やっぱり人の指示に従って生きるしかないですかね～。

**先輩**　なるほどね。彼は「代用する」って思考技術を使ったんだな。

**ロジオ**　え？　技術？　もしかしてそういうのも学べる技術なんですか？

**先輩**　まあ、誰も思いつかないような、アイデアを創り出すノウハウなんてものは世の中にはないんだけどさ。アイデアを生み出すのに役立つ思考のテクニックってのはあるんだよ。

**ロジオ**　本当ですか？　僕でも身につきますか？

**先輩**　簡単だよ。俺だって自分のメモ帳に貼って忘れないようにしてるんだけどね。

**ロジオ**　是非お願いします！

# 6 アイデアを無理やり生み出す「オズボーンの9つの発想法」

チャレンジした結果、問題が明確になり、実現したいゴールも明らかになっているのだけれど打ち手が思いつかない。そんな時に、どうしたら新しい案が思いつくのでしょうか？　アイデアマンと呼ばれたり、新しいビジネスで起業している人々はいったいどうやって頭を使っているのでしょうか？　その疑問に答えるべく、アメリカの実業家オズボーンによって開発されたのが「オズボーンの9つの発想法」です。

①転用する（Put to other uses）
②応用する（Adapt）
③変更する（Modify）
④拡大する（Magnify）

⑤縮小する (Minify)
⑥代用する (Substitute)
⑦置換する (Rearrange)
⑧逆転する (Reverse)
⑨結合する (Combine)

どうでしょうか？　これは9つの引き出しとも言うことができます。世の中には色々なアイデアがあふれていますが、だいたいこの9つのうちのどれかの思考技術によって生み出されていると言えるでしょう。ぱっと思いつかない考え方を教えてくれるものですから、先輩のように見えるところに貼ったりすることで、ものを考える時に常に参考にしたいものです。ロジムの小学生クラスで発表されたものを題材にして、それぞれ簡単に使い方の例を紹介していきます。

## ①転用する (Put to other uses)

転用するとは、目の前のものを別の新しい使い方はできないか？　と考えることです。

個人にしても企業にしても、すでに持っている資産を上手に別の分野に使うことができれば、低コストで優位になることができます。

たとえば、富士フイルム社は文字通り写真フィルムの会社でした。しかし、ご存知の通りデジカメ、スマホの台頭により需要は全くと言っていいほど消滅してきました。富士フイルム社は、写真フィルムの技術をなんと化粧品に転用して新たなマーケットを切り開いたのです。

個人でも、ある専門分野で身につけた技術を全く別の分野で使いこなすことも「転用」にあたります。ポータブルスキルやトランスファーラブルスキルと呼ばれる専門知識や対人スキルなどは、業界や扱う商品が変わっても「転用」可能なものとして、現在注目されていますね。たとえば航空会社で養われる対人スキルは他業界でも役に立つということで、航空会社が研修を受注しています。

また、転職エージェントに相談しにいくと、まず今身につけている技能が今とは別の業界に転用できないかを徹底的に考えてくれます。

ロジムの教室より

## 身の回りのものを「転用」できないか考えてみよう!

解答例

＊ロジムの教室を空いてる時間レストランにする
＊空のスーツケースを本入れにする
＊ホワイトボードを洪水時のボートにする

### ②応用する（Adapt）

これは、他の分野のアイデアを使うことはできないかと考えることです。

たとえばコウモリが使っている超音波による衝突回避のシステムを応用したのが、現在自動車で搭載が始まっている自動運転システムの衝突回避機能です。転用は目の前のものをそのまま使い回すのに対して、こちらはアイデアや哲学を借りてくるというものです。

本の定期購読から始まった「サブスクリプション」という考え方は、もはやあらゆる分野に応用されていますね。

この思考技術をうまく使いこなすポイントは、「抽象化」です。Airbnb のビジネスを「民泊か〜」とか「部屋を貸してお金稼ぎか〜」と額面通りに受け取って終わりにせず、「稼働していない施設を一時的にでも使いたい利用者に貸す」というように抽象化できれば、「空き駐車場のシェア」や「夜しか営業していない居酒屋を他の料理人がランチに利用する」などの応用が思いつくのです。

ロジムの教室より

**知っているアイデアを応用して新しいことができないかな？**

解答例

＊塾っていうアイデアを大人向けに応用して大人塾をつくる
＊レストランっていうアイデアをペット向けに応用してペット用レストラン
＊コンサートの立ち見席があるなら、立ち見映画館もいいかも

## ③変更する（Modify）

形を変えたり、意味を変えたりすることで新しい用途が生まれたり、人気が出たりすることを目指すものです。

同じ商品でもパッケージを変えたり、ネーミングを変えたりすることで大きく売り上げを伸ばした例というのはたくさんあります。

麦焼酎の「いいちこ」は現在の有名なパッケージ、広告に変更してから売り上げが

１００倍以上になったそうです。「君たちはどう生きるか」という吉野源三郎の小説を「マンガ」という形式に変更して大ベストセラーになったのも、記憶に新しいですね。

また、リステリンは、元々は手術用消毒液として外科医が開発したものですが、用途を「口の中の殺菌用」と変更して売り出したことで、世界的なヒット商品になりました。

たとえば「ろうそく」の用途は「明るくする」ということでしたが、それは電球に取って代わられてしまいました。そこで役割を「明るくする」から「暗い中でムードを演出する」に変更して生き残っているのです。

このように、「形」だけでなく「用途」や「役割」などの変更が功を奏したという例も少なくありません。

ロジムの教室より

あまり使われなくなったものや人気のないものを、何かしら変更することで使えるようにしよう

解答例

＊使われていない壁を全部ホワイトボードに変更して生徒が使えるようにする
＊教科書の形式を漫画に変更して読みやすくする
＊休み時間の先生の役割を変更して料理を作ってもらう

## ④拡大する（Magnify）

文字通り「大きく」するのですが、物理的に大きくするだけでなく、意味など範囲を大きくすることも含まれます。また、「強く」「長く」なども含めて考えてもよいでしょう。

「その大きさが当たり前」「小さいのが当たり前」「小さいことに意味がある」という先入観があるものを、大きくしてみましょう。

たとえば駅や空港などのお土産やさんでは、巨大なポッキーなどが人気商品になっていますね。目を引くために大きくするだけでなく、「小型」であることに慣れたユーザーに大きさで満足感を提供することもよく見られます。

小型で携帯性が重要なはずだった携帯電話スマートフォンが、いつのまにか大型化しています。業務範囲の「拡大」で考えると取扱商品を増やすのはもちろんですが、本来仕入れた服を売るだけだった洋服店が企画・製造にまで業務を拡大して現在のユニクロになったというのも大切な事例です。

また、営業時間を24時間にしてみるというのも、サービスの「拡大」の元祖とも言えるものです。

ロジムの教室より

**具体的・抽象的に何かを大きくしたらいいことあるかな？**

解答例

＊板書用マーカーの中の空洞を大きくしてインクが3倍入るようにする
＊ロジムの授業科目を拡大してサッカー教えて！
＊「子ども」を拡大して30歳までにしたら働かなくていいかも！

### ⑤縮小する（Minify）

拡大の反対です。これも物理的に小さくするだけでなく、意味や範囲を狭めることも含みます。「小型化」は身の回りの工業製品で常に追求されてきたことですので、馴染み深いと思います。それに加えて、「絞り込む」ところまで考えていくと新しいサービスや価値が生まれてくることがあります。

競うように大型のディスプレイを搭載したスマートフォンが開発されている中で、最小限のディスプレイしか搭載されていない超小型携帯電話はかなりの売れ行きを記録しました。財布と携帯電話しか入らないような超小型のバッグも流行しています。同じ機能のまま「小さく」「薄く」「軽く」を追求するのはもちろんウケるのですが、機能を削ることでニーズに答えたり、新たなニーズを掘り起こしたりすることもできます。

半年しか営業しないレストランがあります。残りの半年は料理人が旅行をしたりメニューを考える期間としているそうです。それにより提供できるサービスの質が上がり、また希少価値も高まることで、年間営業よりも利益は多くなったそうです。

たとえばロジムは学習塾ですが、3週〜4週に一度、1週間授業のない期間を設けています。これにより苦手分野を復習したり、得意を伸ばしたり、生徒個人やご家庭が考えて「自分なりの勉強スタイル」を確立することができるようになっています。

ビジネスで重要だと言われる「選択と集中」も、この「縮小する」の考えと同じです。ユニクロとは逆に、「企画」「デザイン」にのみ集中しているアップルは、有名な事例だと言えます。

ロジムの教室より

**具体的・抽象的に小さくしたらいいことあるかな？**

解答例

＊すごく薄くて透けない紙を使えば、教科書とかノートが軽くなる
＊ロジムをロジカルシンキングと僕の好きな算数だけの塾にしちゃいなよ
＊家でやってくるから質問を受けるだけの塾ってのはどう？

### ⑥代用する（Substitute）

何かが足りない時に、別のものを代わりに使うことができないかを考えます。

定規がない時に、鉛筆を定規替わりに使うのが代用です。

この思考法には、足りない「モノ」を補うだけでなく、「別の手法」を考えることも含まれます。

公共交通機関の維持が難しくなった過疎地域で、個人の所有する車を代用するなどもこの考え方です。

〔機能を絞り込むといいことあるかな？〕

・使い手が迷わず確実に目的を達成できて満足をえやすい

・不具合が発生しにくくなる

・早く市場に出して反響を知ることができる

また、「代用」のニーズを捉えることは、ビジネスを生み出す基本です。たとえば日本の多くのアパレル企業はネット販売への対応に苦慮していました。1枚ずつの商品の撮影、モデルを使った着用画像の撮影、受注、梱包、発送などすさまじい量の新しい業務が発生するからです。

そこに目をつけたのがZOZOです。ZOZOはアパレル企業のネット販売の代行業社なのです。多くのアパレル企業は自社には足りないネット販売部門をZOZOで代用しているのです。自ら代用するだけでなく、他者が代用したくなるサービスを創り出すのも、この思考技術の役割なのです。

また、「穴を埋める」や「調達が容易になる」ということだけでなく、新しい効果を生み出す場合もあります。

人工毛皮の開発により、より安くだけでなく、倫理的にもよい製品が実現したことは好例です。

ロジムの教室より

**身の回りで「代わりに」を考えたらいいことあるなと思うものは？**

解答例

＊パンの代わりにレタスで挟んだモスバーガー

＊危ない仕事をやりたがらない人間の代わりにロボットがやる

＊コンビニの賞味期限切れのお弁当を捨てる代わりに困っている人に配る

## ⑦置換する（Rearrange）

順番を入れ替えたり、配置を変えたりすることで性能・価値が高まることはないかと考えます。⑥の代用するとほぼ同じですが、ある要素について別のものに置き換えればよくなるのではないかという考え方も大切です。

人事異動や職場や現場のレイアウト変更、オペレーションの変更によって効率を高

〔分析と入れ替え〕

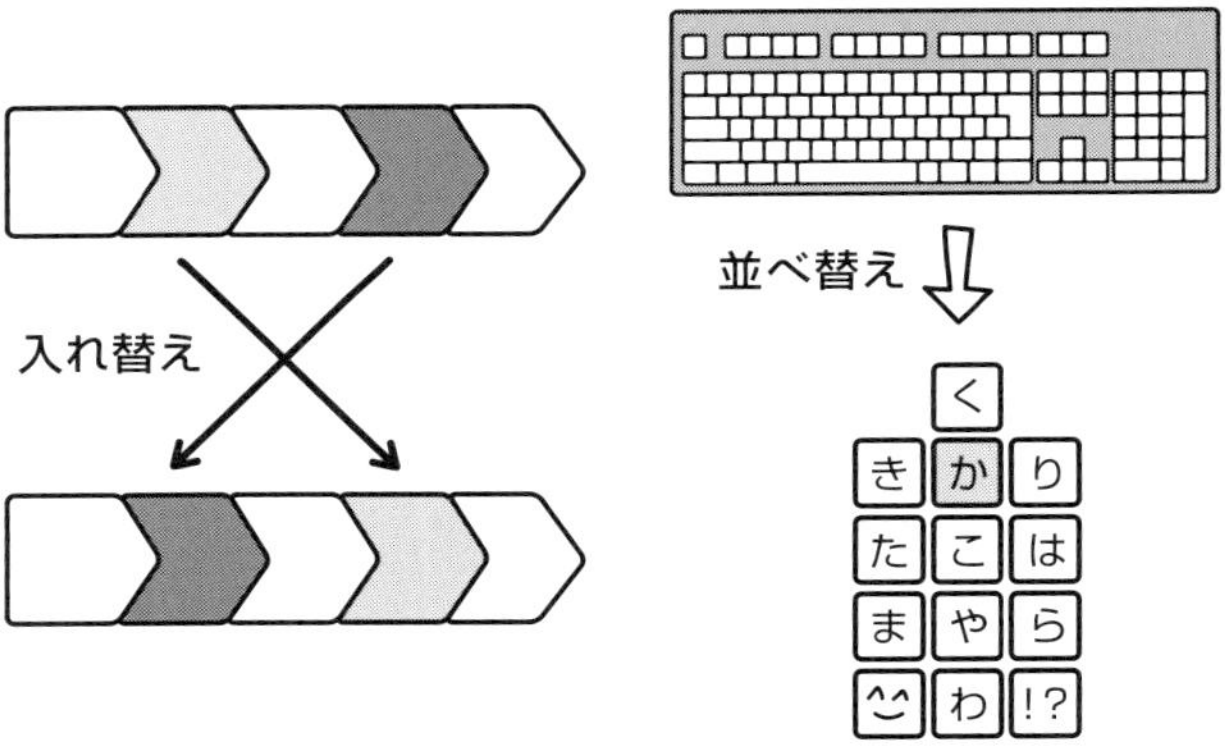


めたり、新たな力を発揮できるようにしたりすることが、まず思いつく身近な「置換」でしょう。さらに製品を構成する要素に分解して、再構成することで新たな価値を生みだすことも含まれます。

ほぼ同じもので構成されていますが、ラーメンとは配置が変わっているつけ麺は、新しい価値を提供することに成功しています。

従来のパソコン入力のキー配列を置き換えることで、楽で人気になっているフリッカー入力が誕生しています。

たとえば普段のデザインチームを、外部の有名ブランドやデザイナーに置き換えることで今までとは違う製品を創り出すコラボレーションも、この考え方だと言えます。

プレゼンで構成は同じですが、順序を入れ替えることで聴きやすさなど効果が大きく変わることもありますね。

ロジムの教室より

**ある一部分を置き換えることで、新しくてよくなるような工夫を考えてみましょう**

解答例

＊渋谷駅はホームの配置を変えただけなのに便利になった
＊ご飯と勉強の時間を置き換えたら勉強中に眠くなくなる
＊「太ってる」を「メタボリック症候群」って言葉に置き換えたら、なんだか治したほうがいい気がしてくるねってお父さんが言ってた

## ⑧逆転する（Reverse）

思い込んでいる順番、価値観を逆にしてみることで新しいニーズが生まれたり、効率化が実現したりすることがあります。

たとえば、食券システムはそれまでの食事→支払いという順序を逆にすることで、

業務を減らすことに成功しています。

また、算数は子どもが学ぶものという価値観を逆にして、大人が学べる算数教室も盛況となっています。

アイデアだけでなく、自分が考えている成功・失敗ストーリーに対して「極端によい場合」「極端に悪い場合」を無理やり考えてみると、様々な問題点が見えてくることがあります。たとえばカフェをオープンする時に、「極端に人気が出た」場合を想定してみます。すると、仕入れ・オペレーションなどにおける問題が浮き彫りになったりします。また「極端に人気がない」となった時に、資金繰りや宣伝方法など、あまり考えていなかった問題について意識が高まることにつながります。

いずれにしても、目の前の案に取り憑かれてしまっている時に、この「逆転する」を思い出すことで、大きく違った見方ができることでしょう。

ロジムの教室より

「普通」とは「逆」だったり「違う」ようにしても実は大丈夫なのではないか？　と思うものってないかな？

解答例

＊いつも授業をしてから問題演習だけど、逆にしてもよいと思う
＊普通は電車は行き先がわかっているけど、決まっていないと面白いかも
＊世界の美味しくないものばっかり集めたデパ地下があったら行ってみたい

## ⑨結合する（Combine）

複数のものを組み合わせることで問題を解決できたり、新しい価値を生み出すことができないかを考えます。「小型化」が得意な日本の製造業では、それにより大きさを保ったまま複数の機能をもった製品を創り出すのは得意技だったと言えるでしょう。すでにあるものの組み合わせなので、製品として差別化をするには普通は思いつかないような案で1＋1で2を超えるような新しい付加価値を考えたいものです。

また、普通は組み合わせないと思われているものを動員することで、問題解決を目指すのも重要です。

シャープペンに消しゴムをつけたり、携帯電話にテレビ機能をつけたりすると、持

ち運びが楽になり、効率的になります。また、薬とお菓子を組み合わせて「子どもでも飲みやすい薬」など、効果や考え方などを組み合わせることも新しい価値につながります。

ロジムのロジカルシンキングの授業も、ロジカルシンキング×旅行やロジカルシンキング×お手伝いなど「従来の勉強やビジネスと違ったものと足したらどうなるのか？」を考えてみることで、色々な授業コンテンツが生まれています。

さらに携帯電話とインターネットが結びつくことでは、単純な足し算以上の価値が生まれています。携帯電話でインターネットが楽しめるということを超えて、「常に携帯している」がゆえに位置データや健康データなどスマートフォンの中に存在するようになり、それらがインターネットにつながっていることで、新たなサービスが生まれています。単純に「一緒になったら省スペースになる、軽くなる」というだけでなく、「相乗効果」をいかに生み出すかが、難しくも楽しい分野です。

ロジムの教室より

## 身近なモノや考え方を組み合わせて問題を解決したり、楽しいものができたりしないかな？

解答例

＊ロジムとビルの1階のレストランを組み合わせたらお腹が減った時に助かったり、自習スペースが増えたりする

＊病院とスポーツジムを組み合わせたら、運動不足の人にすぐ運動させられる

＊算数が得意なAくんと国語が得意な僕を組み合わせたら最強！

以上9つの発想法の区別は厳密に考える必要はありません。置換と逆転が似通ったり、混同することもあるかと思いますが、これらのリストはあくまで考えるきっかけにすぎません。どれに当てはまるかということはあまり気にしなくても良いでしょう。

注意したいのは「使いやすいものに思考が偏りやすくなる」ということです。リストを適宜確認して、自分が忘れていたり気づいていない視点はないかをチェックすることで、幅広い思考が可能になります。

7

# アイデアマンはアイデアが生まれる仕組みを知っている

いかがでしたか？　アイデアマンと呼ばれる方々の頭の中をどうにかして普通の方々にも理解してもらえないかというこうした試みは、実はたくさんあるのです。オズボーンの９つの発想法と似たもので、SCAMPERと呼ばれるものもあります。

S：Substitue　代用する
C：Combine　組み合わせる
A：Adapt　応用する
M：Modify　修正する
P：Put to other uses　転用する
E：Eliminate　取り除く
R：Reverse　逆にする

また、「クリエイティブシンキング」「ラテラルシンキング」など様々な思考技術がまとめられています。

いずれにしても、アイデアを仕事にしている人々にはアイデアを生み出す手法が身についています。是非色々な「技術」に触れてみることで引き出しを増やしてください。まずは真似をするところから始まります。

生まれつきのセンスなどではなく、いくらでも学んでいけるものなのです。

Column 3
リーダー・保護者のための

# 「オプションB」に慣れさせよう

「失敗の想定」は極めて前向きな思考です。

「いかに失敗しないように準備するか？」

と同時に、

「失敗したらどうするのか？」＝オプションB（次善の策）

を考えることには慣れが必要です。

「失敗のことを考えたら本当に失敗してしまうのではないか？」と考えてしまう人は、失敗のことを考えると体が硬くなったり、視野が狭くなったりしてパフォーマンスが下がるものです。かといって、「絶対大丈夫」とだけ考えて勝負に挑むのは残念ながら無謀です。「勉強してきたのだから絶対に解ける」とだけ考えて試験に臨むのは「前向き」かもしれませんが、1問目にとても難しい問題が出てパニックになってしまったという事例は枚挙にいとまがありません。

「成功したい」と考えて物事に取り組んでいる最中であっても「失敗・想定外が起きたら?」について頭の片隅で、「しっかりと」考えておくことには慣れが必要です。そうすることで、「失敗のことを考えたら本当に失敗してしまうのではないか?」という思考から、「失敗は必ず起こるものだから、そこに対応できれば結果的に成功につながる」という思考に変わっていくのです。

保護者や上司の方は、「疑いの目」でネガティブな雰囲気で「失敗したらどうする?」と詰問するのではなく、結果的に成功するための前向きな準備として「こんなことが起きたら?」「あんなことが起きたら?」を検討する雰囲気づくりを心がけましょう。

ポイントは「失敗」という単語を避けてみることです。目の前の想定外は「失敗」ではありません。そこに対応することで勝負は延長戦に持ち込めるのです。「失敗・想定外のことを考える」が極めて前向きな思考であると家族全員、組織全体で共有できると「スキル」と「心」がよい相乗効果を生んでいきます。

# Part 4

# うまく Share（シェア）するコミュニケーション技術

**ロジオ**　緊張するな～。

**先輩**　どうしたんだ？

**ロジオ**　来月、A社にうちの製品Zを提案する大型の営業プレゼンをすることになったんです。

**先輩**　A社っていったら大口の顧客だな。そんな営業を任せられたなんて、部長も信頼してるんだよ。

**ロジオ**　なんとか応えなくちゃって思ったら、もう緊張しちゃって。

**先輩**　部長が任せようって思ったんだから、自信をもって考えろよ。俺が教えたことだってずいぶん身についてきてるみたいじゃないか。

**ロジオ**　そうですよね。今回の提案も内容には自信があるんですよ。

**先輩**　おお、いいね。

**ロジオ**　うちの製品ZがA社の問題をうまく解決するってことは間違いないんで、あとは僕の熱い気持ちがしっかり伝わるかってことですよね。TEDとかを見て研究してるんです。

**先輩**　え……？

ロジオ　うちの製品Zのよさがしっかり伝わったら、これを使えば間違いないって信じてもらえるはずなんで、スティーブ・ジョブスの新製品のプレゼンみたいにばーんと印象に残るような資料作りたいっすね。

先輩　………

ロジオ　どうしました先輩？　なんかいい案ありました？

先輩　ロジオに最後に重要なことを伝えておかないといけないようだな。

ロジオ　印象に残るプレゼンのやり方ですか？

先輩　俺も同じ失敗したからさ。

ロジオ　え？　僕、失敗してるんですか？

先輩　このままだとな。

ロジオ　先輩！　助けてくださいよ！

先輩　まずさ、自分の身の回りにある「宣伝」を思い出してみようか。

ロジオ　はい。

先輩　どの宣伝もさ、「これを使えば間違いない」って言ってないか？

ロジオ　そりゃそうですね。「多分」とか「もしかしたら」なんて言わないですよね。

**先輩**　そういう宣伝をさ、お前は「なるほど！　すごいな！」って思って受け入れるか？

**ロジオ**　それはないっすね。

**先輩**　そうだよな。

**ロジオ**　じゃあ僕のプレゼンも、もしかして。

**先輩**　お前の案の質がたとえよかったとしても、これだけ宣伝に囲まれて生きているとさ、「これがよいですよ」って言われたとしても「はいそうですか」とはいかないいんだ。

**ロジオ**　そう言われてみると、そんな気がしまくります。

**先輩**　基本的に宣伝に対しては「その効果は本当か？」とか「本当にこれしかないのか？」という疑問の目で見てくるんだ。

**ロジオ**　確かに！　僕もそうですね。

**先輩**　そして、いちいちその疑問は口にはしない。そういう疑問が残ったままだと何もなかったかのように流されてしまうんだ。

**ロジオ**　それは嫌すぎます。

**先輩**　だから、自分が伝えたいこと、自分のよさを伝えるだけじゃダメで。

**ロジオ**　相手の疑問に応える情報を伝える！

**先輩**　そういうことだ！

**ロジオ**　プレゼンに対する考え方が全然違ってた気がしてきました。

**先輩**　SATEのSはシェアだったよな。シェアはSNSで単に情報を横流しすることだけじゃないんだ。伝えたいものを伝える、つまり「上手に」共有するっていうスキルも必要なんだよ。まあ俺も同じように失敗してきたけどな。

**ロジオ**　先輩の経験をもっと教えてください！

**先輩**　うちの部にとっても大事なプレゼンだからな。メモ取れよ！

# 1 巻き込む力が「答え」をつくる

学校のテストであれば、問題に対して正しい答えが存在します。ですから、その答えを書けば「正解！」となります。しかし、ビジネスの世界には模範解答は存在しません。何をプレゼンすればよいのか？　どうすれば問題が解決するのか？　についてどこを探しても、どれだけ準備をしても絶対的な正解は見つからないのです。

前回はうまくいったかもしれないプレゼンや解決策も今回はうまくいかないかもしれません。そもそも前回の「うまくいった」も、他のやり方ならもっとうまくいったかもしれません。私たちは学校のテストとは違う世界で生きているのです。

そんな世界では「うまくいきそうな案」を追求することはもちろんですが、それと同じくらい「うまくいきそうだ」と相手に受け入れてもらえるように「伝える」ことが大事になってきます。結果が未来のことで不確定である以上、私たちは「とりあえ

〔合意できたものが答えになる〕

絶対的に正しい答え　　その都度合意形成していく

ずこれを受け入れて進んでいこう」という「合意」を「答え」とするのです。

つまり、ビジネスの世界では「答え」とはどこかに書いてある絶対的なものではありません。相手を巻き込み、合意の上に自分たちでつくる仮説のことなのです。

## 2 本当？ それだけか？ に応える準備

ロジオさんは、自社の製品と自分の案が「いかに優れているか」「いかに成功が約束されているか」を伝えたいと考えています。そこに「熱い想い」が加われば、さらに受け入れてもらえる可能性が高まると思っているようです。

しかし、ビジネスの世界は数字に対してシビアです。数字に対する疑問は熱い想いでは払拭できませんし、解決もできません。

一般的に、「こうすればうまくいく」という提案を受けている時に、ビジネスマンは「それは本当なのか？」と、「有効な案はそれだけなのか？」という2つの疑問を持つと言われています。

たとえば、「この保険に入っていれば安心です」という宣伝を受けた時に、「本当に安心なのかな？」と「この保険だけが安心させてくれるのかな。他によりよいものはないのかな？」を考えるのです。この不安は「合意」するという決断に大きく影響していて、この疑問が払拭されない限りは合意には至らないのです。

明確に「ここが疑問です」と明言してくれる人は少なく、ほとんどの人が「なんとなく不安だな」という思いをもって、「合意」を決断できず「先送り」という名の却下に至ります。

私たちは、「いかに優れているか」を伝えるだけでなく、「本当か？」「それだけか？」という疑念にしっかりと答える内容を伝えなくてはいけません。そして、それはもちろん「本当なんです！」「うちの製品だけなんです！」という熱いけれど何も答えていないという、「裏返して返答しただけ」のプレゼンでは実現しないのです。

## 3 それは本当か？という疑問

「算数の成績を上げるためにあなたは読書量を増やすべきだ」

とアドバイスされた時、「それって本当？」と思いますよね。これは、

「読書量を増やす」

と、

「算数の成績が上がる」

の間に論理の飛躍を感じているからです。

〔論理の飛躍〕

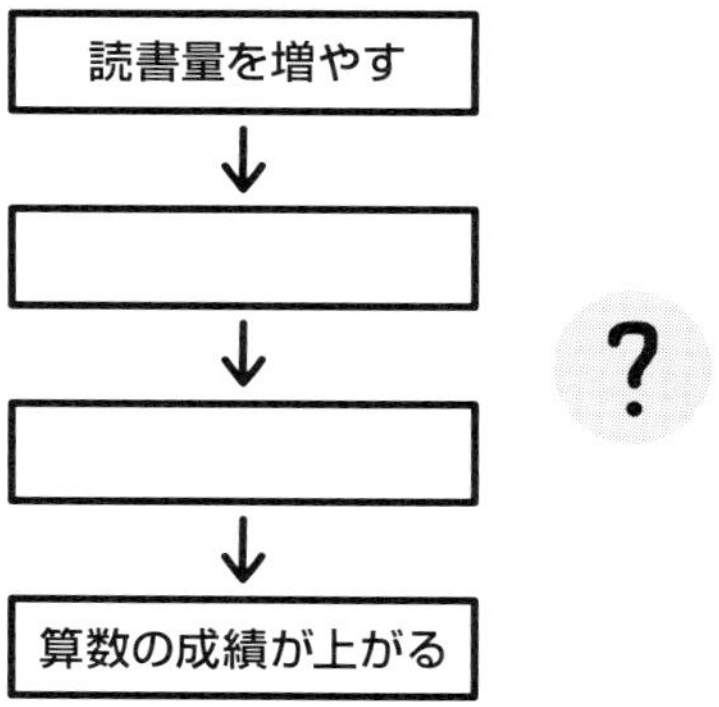

この間を「しっかりと」埋めて説明することで、「それは本当か？」という疑問に答えることができます。

注意が必要なのは、「しっかりと」埋まっているかどうかは、相手が決めることだということです。延々と「だから」「なぜなら」を聞かされると、逆にまどろっこしいと感じてしまう人もいるでしょう。しかし、準備として細かいところまで論理のつながりを考えておくことは大事です。

この「つながり」をすべて伝えることが求められているかどうかは状況次第ですが、いつでも提示できるような準備をしていきます。

〔成績を上げるために〕

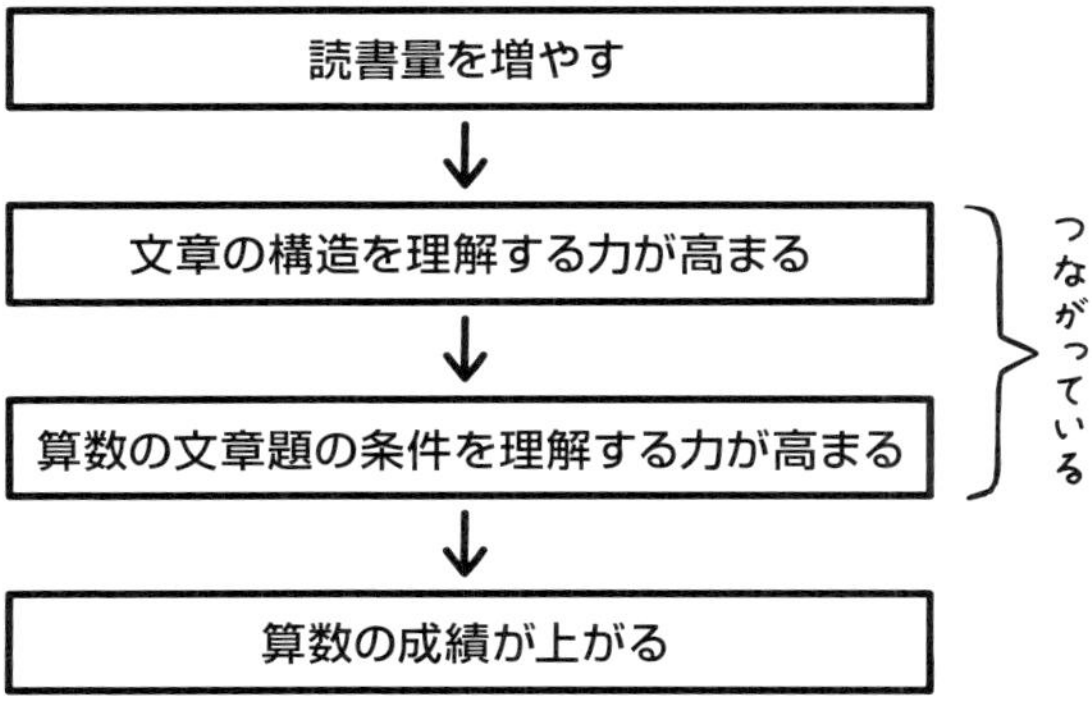
読書量を増やす
文章の構造を理解する力が高まる
算数の文章題の条件を理解する力が高まる
つながっている
算数の成績が上がる

## 4 それだけなのか？という疑問

これは、先方の頭の中に他の選択肢が浮かんでいたり、可能性を感じているということです。

さきほどと同じように、「算数の成績を上げるためにあなたは読書量を増やすべきだ」という提案に対する「それだけなのか？」という疑問を考えてみます。

すると、「算数の成績を上げるのは、読書量を増やすということだけなのか？」という疑問を持っていることになります。

〔ロジックツリー〕

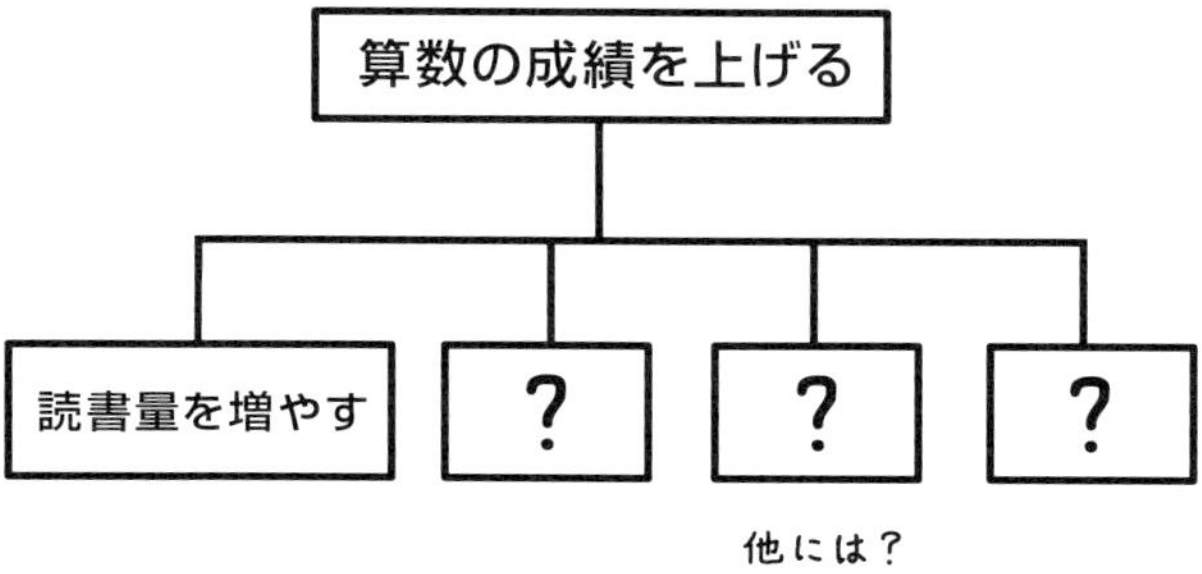

つまり、算数の成績を上げるための方法は「もれなく」リストアップされているのか？　検討できているのか？　という疑念です。

完全に「もれなく」というのは難しいものです。フレームワークを駆使したり、先方へのインタビューを通じて、「考えもれ」をなくすことが前向きな議論の大前提になります。

「可能性」をあれもこれも羅列して説明するだけでは、「合意」という決断には至りませんので、必要そうな分だけを提示して、自分の中で用意・分析しておいて、いつでも説明しておくような準備がよいでしょう。

〔ロジックツリー〕

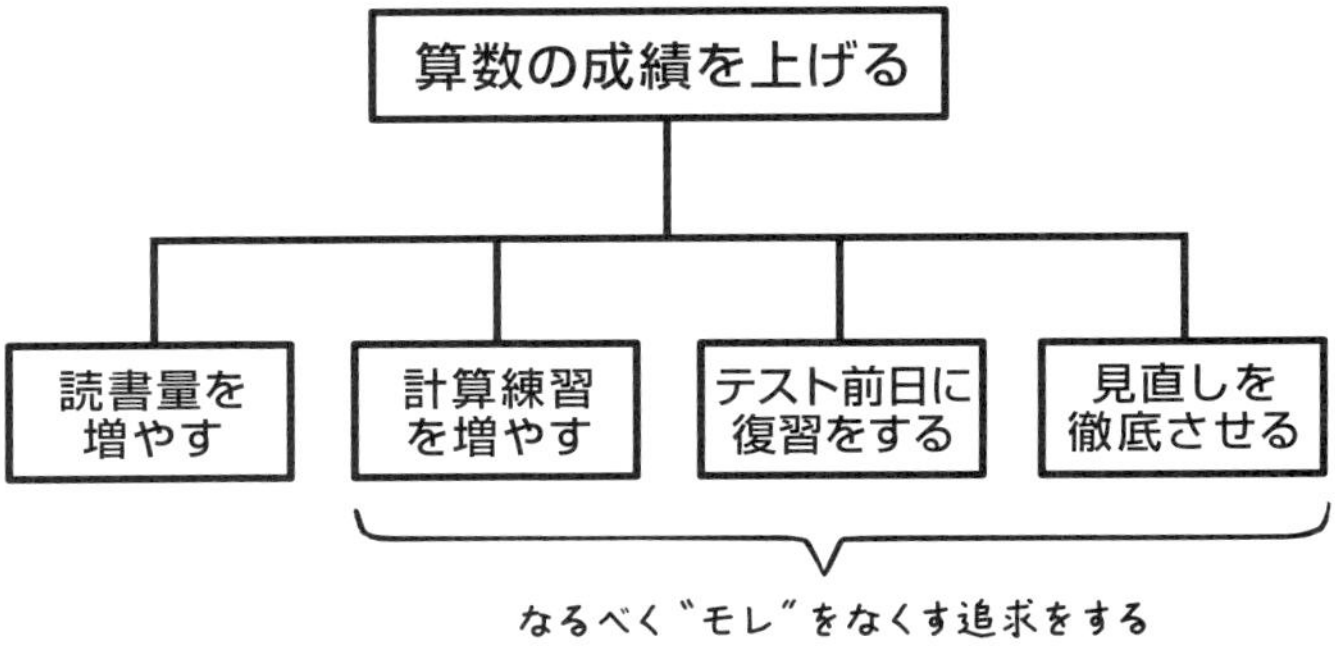
算数の成績を上げる
読書量を増やす
計算練習を増やす
テスト前日に復習をする
見直しを徹底させる
なるべく"モレ"をなくす追求をする

## 5 事実と意見を分ける

「事実と意見を分けましょう」という指導は小学校の国語の授業から始まっています。「このりんごは100円だ」は事実であり、「このりんごは美味しい」は意見です。

この区別は、実際の社会では「根拠」の確実性の問題として重要になってきます。

「この株は値上がりすると思います」

だから、

「買うべきです」

という説明では、根拠となっている「この株は値上がりすると思います」はあくまで話者の「意見」です。意見は確実な事実ではないので、「要確認」という注意がつくのです。もちろん「意見」だから根拠にはならないというわけではありません。実績のあるアナリストの意見だから、根拠として十分であるという判断はありえます。

しかし、「意見」と「事実」を混同して、「根拠」として使うと危険です。

なぜなら、

**・相手が気づいた場合に信用を失う**

**・誰も気づかずに進むと根拠が揺らいでトラブルが発生する**

という損失が発生するからです。

たとえば採用広告の営業の場面で、「弊社のサイトの100万円のプランでは反響は30人くらいの応募があります」と説明する場面を考えましょう。

これはもちろん、営業マンもしくは企業としての「予測」という意見です。

しかし、これをあたかも「間違いない事実」かのように説明してしまう場面は多いものです。これに対して先方の担当者に「こいつは不確定なことを確定したかのように言う人間なのだ」と気づかれたら、一気に信用を失います。

私はかつて、営業の先方担当者が実はもともと私と同じ会社に勤めていた方だと知らずにプレゼンをする機会がありました。プレゼンが終わった後「すばらしい提案だったけど、僕はそれを丸ごと信じるような経験の浅い人間じゃないんだよ」と、同じ会社出身というご厚意で「プランの中には大きな不確実な部分が含まれていること」と「その不確実な部分に触れていないこと」ゆえに、「その不確実な部分に対する対処案が含まれていないこと」を改善しなくてはならないとご指導いただけました。

このような前向きな対応は、滅多にしてもらえません。ほとんどが黙って持ち帰られて終わりなのです。

さらに、もし契約にこぎつけたとしても「30人の応募」を確定事項として、その上にさらに先方企業が人事計画などを立て始めたらどうでしょうか。

数ヶ月後に「実は30人も応募がありませんでした」となったら、非常に大きな問題になります。先方の社内ではいつのまにか「30人の応募があった」くらいの確定事項として話が各方面に進んでいるからです。

このように自分の都合のよいように「意見」を「事実」にすり替える論法には、気をつけなくてはいけません。

6

# 「数字」も意見である

事実だと混同しやすい重要な事例を、２つ紹介します。

「この企業の評価額は３０００億円なのでお買い得だ」という文章を考えてみましょう。多くの方が「お買い得」という点が「意見」であることに気づくはずです。

お買い得というのはあなたの意見であって、本当に我々にとってお買い得かどうかはわからない、と気づいて検討が始まるのです。

しかし、実際のビジネスの場面を考えると「この企業の評価額は３０００億円」という部分も評価担当者の「意見」に過ぎないのです。この「意見」が妥当かどうかも同時に検討する必要があるのです。

それをせずに３０００億円という金額を「事実」として判断根拠に使った時に、「実際には１０００億円くらいの価値だった」という大トラブルになるのです。

このように事実の代表格である「数字」についても、その妥当性については検討が必要です。

# 7 プレゼンの「熱」は人をまたぐと伝わらない

「そんなネガティブな情報は不吉なだけだ。不確定なことに触れるよりも、可能性を感じてもらうような熱意が大事だ」と考えているプレゼンは少なくありません。

しかし、この本を手に取られるような若い方には、そこには大きな落とし穴があるとお伝えしたいのです。プレゼンで人を動かしたいと考える時、目の前の人にのみ集中してしまいがちです。しかし、ほとんどの場合、目の前の人は「決断」と「決断後の責任」を1人で背負ってはいません。あなたのプレゼンを持ち帰り、上司や家族に相談して決断することになります。そういう状況では、あなたがプレゼンに込めた「熱意」は、上司や家族にまでは伝わらないものなのです。

「とてもよい人柄で熱意もあって信用できると思う！」

という気持ちをプレゼンの場面でつくることに成功したとしても、上司や家族は「事実」のみで判断することになるのです。又聞きによって「それは信用できる人柄だ！」という気持ちがつくられることは、ほとんどありません。

また、プレゼンの相手が決裁権のある立場だったとしても、同じように注意しましょう。相手の社長に気に入られて契約に持ち込んだとします。しかし、社長もまた、その案を現場の部下に説明して実際に取り組んでもらう必要があるのです。

そこで社長が「なんだかとても可能性を感じた案だから採用した」と言っても、現場は「本当か？」という姿勢なので納得感なく取り組むことになるのです。

人をまたいでも説明しやすい事実・ロジックを、しっかり用意してあげることが大事です。その上に初めて熱意がのるのです。

〔論理の穴は不信感とトラブルの元〕

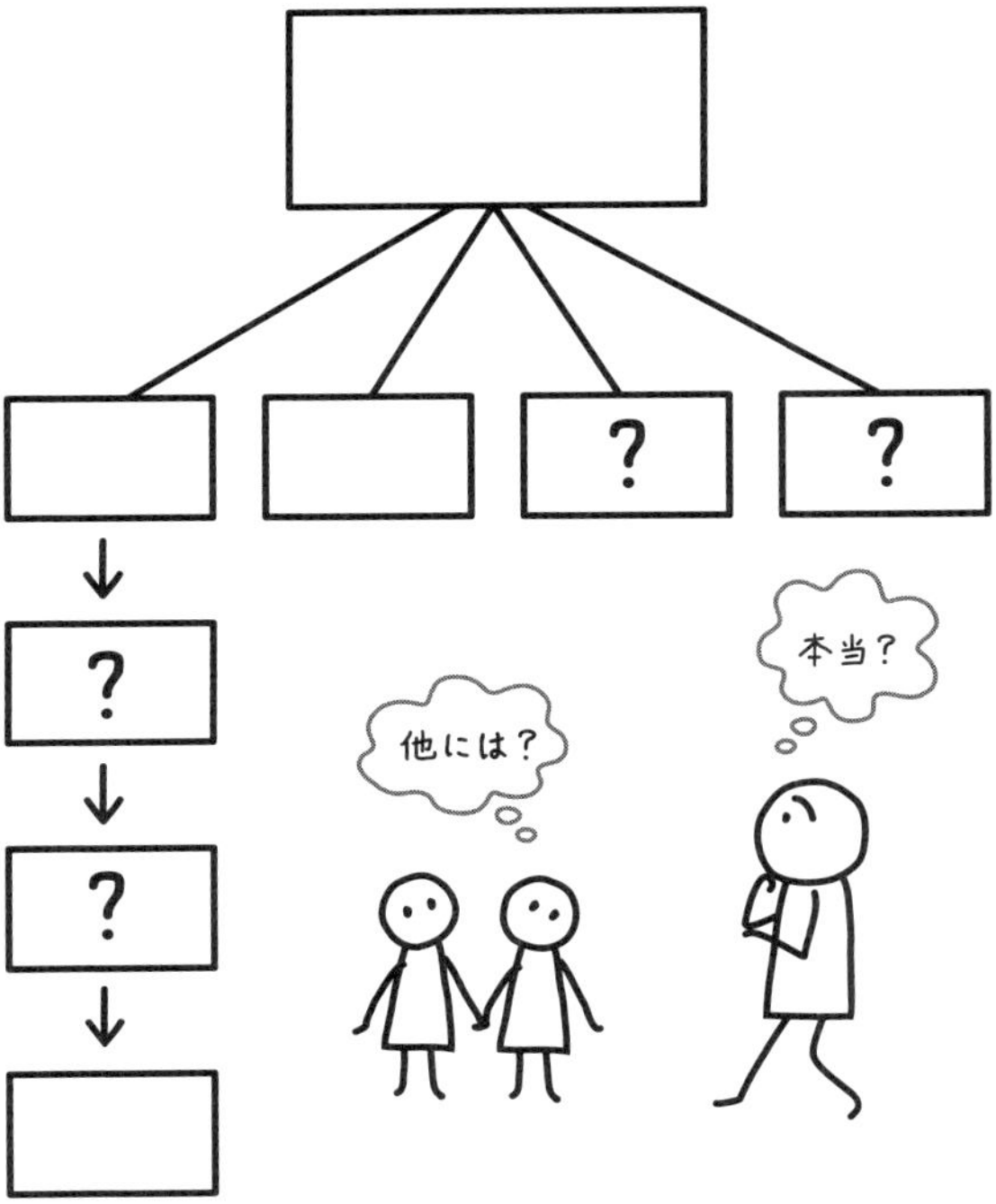

**ロジオ** ただいま戻りました～。

**先輩** おかえり！　営業どうだった？

**ロジオ** パニクりました……。

**先輩** どうしたんだ？

**ロジオ** 先輩に教わったことを生かして、「相手の立場だったらどんなことを知りたいかな？」って考えたんですよ。

**先輩** いいね。

**ロジオ** そうすると色々な気づきがあったんです。先方だって色々な企業から提案を受け続けているわけですから、こっちの虫のいい話になんか簡単に乗ってこないよなって。

**先輩** いい気づきだな。

**ロジオ** だから、徹底的に準備していったんですよ。

**先輩** なるほどね。成長したね。

**ロジオ** で、うまくいく場合の話だけじゃなくて、悪い状況に陥った時の準備の話とかをしたんです。

**先輩** 先方の反応はどうだった？

**ロジオ** 確かに、こちらのよい話をしている時よりも、悪い状況に陥った時の準備や対処法の話をし始めた時のほうが、明らかに前のめりになってくれました。

**先輩** よかったじゃないか。

**ロジオ** そこからですよ。先方もこちらを信用してくれたみたいで、そこから「こんな場合は？」「あんな場合は？」とこちらが想定していなかった質問を矢継ぎ早にしてき始めちゃって……。

**先輩** それで？

**ロジオ** 準備万端だと思ってただけに、想定外の質問にパニックになって、真っ白になっちゃったんです。

**先輩** あちゃ～。

**ロジオ** そこで、同行してくれていた部長が「その点については後日説明させていただきます」と言ってまとめてくれたんです。もう一回プレゼンをする機会がありそうなんですよ。

**先輩** 惜しかったな～。でも部長がいて助かったな。

**ロジオ**　準備が足りなかったです。

**先輩**　いや、そういうことじゃないんだよ。

**ロジオ**　え？

**先輩**　プレゼンってのは、発表の場じゃないんだ。

**ロジオ**　そうなんですか？

**先輩**　そうだ。プレゼンってのは、相手の頭の中にある要望・疑問を引き出して、聴き取るっていうのが目的の半分以上を占めてるんだ。

**ロジオ**　プレゼンなのに？

**先輩**　先方はさ、ロジオが「相手はこんなことを不安に思っているんじゃないか？」って考えた内容に対してよい反応をしてたんだろ？

**ロジオ**　はい。

**先輩**　だから、プレゼンの場でも「相手がまだ不安に思っていること」を聞き出すことを目指すべきなんだ。

**ロジオ**　プレゼンってそんなことしていいんですか？

**先輩**　先方は学校のテストをやってるわけじゃないんだ。その場で新たな問題に気づいたり、思い出したりすることはあるさ。最初のプレゼンの中でそれが解決されてなかったとしても、結果的に解決してくれそうだと思えたら、それは合格になるさ。

**ロジオ** ぼくは、プレゼンを一発勝負の発表会のように考えてました。

**先輩** むしろ発表は、先方の中にある「本当の要望」を引き出すための前談くらいに考えていいんじゃないかな。

**ロジオ** 質問が出てからが本番ってことですね。

**先輩** そうだ。そういう意味でロジオの最初の発表はうまくいったんだよ。

**ロジオ** もったいなかったな〜。

**先輩** 部長がせっかくうまく取り繕ってくれたんだ。ここからだぞ。先方はお前の発表で信頼して、よい刺激をもらったからこそ質問をぶつけてきたんだぞ。

**ロジオ** そうか。期待してもらっての質問ですもんね。

**先輩** その通り！　ビジネスの世界では「うまく伝える」よりも「うまく相手から聞き出す」という質問が重要になってくるんだ。質問には「知りたいことを知る」ってこと以外にも重要な役割があるからな。

**ロジオ** それも教えてください‼

## 8 対面する意味は伝達よりも情報収集

「自分が伝えたいことを詰め込むのではなく、相手が聞きたい情報を用意する」というのは、プレゼンの存在意義を考えれば当然のことです。対面することの大きな意味は、相手の話を受け取ることができるということに尽きるからです。

よく、「相手から何の質問も出なかった」と胸をなで下ろして帰ってくる営業マンがいますが、それは非常に危険です。相手の疑問点について説明し、解消する機会を逃しているからです。

就職活動でもわざわざ面接の機会を設けるのは、志願者の演説を聴きたいからではなく、「質問したい」「対話したい」からです。

ですから、「完璧なプレゼンをしよう」という準備はもちろんですが、「相手の反応をできる限り受け取って対応していこう」という姿勢が大事です。

そして、特に「疑問点」や「否定的に捉えた点」について声に出してもらうことが重要なのです。

この点を理解して臨んでいかないと、相手の反応にパニックになるのです。

## 9

# 「合意」は一方通行ではつくれない

あなたが、試験において教科書に書いてある正解を述べているのであれば、それは絶対的にあなたが正しいです。

しかし、合意こそ正解だという世界では「相手はどう考えているのか」が正解の50%を占めているわけです。

どんなにあなたが正しいと思っていたり、間違いないと思っていても、そこに「合意」がなければ「正解」として受け入れてはもらえません。相手は人間です。合意できない理由は様々なものがあり得ます。「論理的には賛成だが、心理的には賛成できない」「個人的には賛成だけれど、会社としては難しい」など、どんなにあなたにとって理不尽だと思えたとしても、仕方のないことです。

「正解」かどうか、説明が論理的であるかどうかは相手が決めることなのです。

## 10
# 疑問点、質問が矢継ぎ早に出てくるプレゼンは大成功

プレゼンとは「こうすればこうなる」といういわば空論を説明する場です。よって、聞いている側も「なんとなく」想像しながら聞いているものです。

ほとんどのプレゼンにおいて受け手側は、「ふ〜ん」という程度で聞き流してしまいます。「質問もなく終わる」プレゼンというのは大体がこのような状態のまま終わったものです。「よくある都合のよい未来の話」を聞き飽きている私たちは、話半分で聞き流す癖がついているとも言えるでしょう。しかし、「相手がいつも感じている不安」などに具体的に言及することができると、途端に相手の姿勢は変わります。プレゼンされた案を具体的に進めている時の状況が、相手の頭の中に明確になってくるのです。

そうすると、「具体的な疑問点」が浮かび上がってきます。ここで出てくる疑問点はプレゼンをしている側にとって宝の山です。相手をうまく刺激することによって初

めて出てくる情報だからです。相手は、「これを解決してくれれば合意したい。あなたなら解決できるのではないか」と考えるところにまで至っているのです。

ロジオのプレゼンは、第一段階としては合格です。「言いたいこと」だけでなく「聞きたいこと」を想像して構成した内容は、新しいことに踏み出して契約を考えている相手の恐怖心を和らげることに成功していたのでしょう。

「合意」のためには、「相手の頭の中」に隠れている「疑問」や「不安」を引き出していかなくてはいけません。

引き出すことで初めて、対応できるのです。

## 11 相手からほしい情報には2つのレベルがある

事前に「相手が不安に思うことはなんだろうか？」と考えて情報を準備することはプレゼンの基本ですが、対面の場面ではさらに相手の声を引き出すチャンスです。相手の不安を打ち消して、合意に至るには2つの情報が必要です。

**レベル1：疑問に思った点**
**レベル2：物事をどう判断しているのか？　という価値観**

レベル1は、前にご説明した通り「本当か？」「本当にそれだけか？」という疑問です。そして、これは相手がプレゼンの内容について具体的に取り組んでいる場面を想像できればできるほど、具体的な質問が出てくるものです。

コピー機の営業をしていて、「こんな機能がある」と一方的に説明しただけでプレゼンが終わったとします。質問が出なかった場合、それは相手が満足しているのではなく、具体的にコピー機を使う場面を想像できていないことが多いのです。

ここで相手の業務をしっかり分析した上で「あなたの部署でよく作成する資料はこういう風につくることができます」といった刺激を与えることができると、「こういう資料もあるのだけど可能か？」とか「今のコピー機にはこういう不満があるのだが解決できるか？」といった疑問点を表現してもらえるようになるのです。

質問が出てくるという状態は、聞き手の気持ちがポジティブになっていると考えてよいのです。ですから臆することなく、しっかりと聞き取って正確に対応していきましょう。それは合意の一歩手前という段階なのです。

レベル2は応用編で、「質問」によって相手の価値観を引き出すことを目指します。プレゼンの相手の言っていることが二転三転したというご経験はあるかと思います。「この間説明を受けた時はそう思ったんだけど、ちょっと考えたら別の考えが」といったことはお客さん相手の職業であれば日常茶飯事です。これは聞き手も「自分が何をしたいのか？」というものを明確にはできていないことが多いからです。

プレゼンとは対話の場です。こちらが一方的に都合のよい話をする場ではありません。質問が出るのはよいプレゼンの証拠というお話をしましたが、せっかくの対面の場ですから、こちらから質問をしていくこともよい結果を生む上で有効だという例を紹介します。

## 質問は大きく2つのレベルがある

### レベル1：必要な情報をもらうための質問

たとえば、採用広告の営業場面でしたら「人が必要な部署はどこですか？」「必要な人数は何人ですか？」といった質問です。「結果」を問う質問だと言えます。

### レベル2：相手に気づきを促して、価値観を知る質問

「なぜその部署に人が必要なのですか？」「なぜその人数が必要なのですか？」と「必要」性が生まれた「原因」を探っていく質問です。

「なぜその部署に人数が足りないと困るのか？」
「なぜそのような人材がいないのか？」
「なぜ育っていないのか？」

原因を探っていくことで、相手が自分にとって「本当に必要なことは何か？」や「大切にしていることや判断基準は何か？」ということを言語化できるようになります。言語化できるとこちらとしても理解しやすくなりますし、対応した提案を的を射たものに修正できるようになります。

たとえば学習塾ロジムでは保護者の方から「文章題のトレーニングを個別指導で強化してください」や「図形の特訓をしてください」という要望を受けることがあります。そこでそれらの要望を額面通り受け取るのではなく、「なぜそのような要望をするのか？」を探る質問をしっかりと返しています。

すると実際には別のところに大きな原因があったり、単に親が焦っているだけであったりすることが判明して、無駄な対処で時間を浪費することを避けられるようになるのです。

# 12

# 「質問」によって価値観を共有し、チームをつくる

プレゼンの聞き手は敵対する相手ではありません。「多少の欠点はごまかして売りつけてやろう」「こいつの話の落とし穴はどこだろう」というやりとりではなく、対話を通じて目標を共有して、合意した後にはチームとして一緒にプロジェクトを進めていかなくてはならないのです。

チームではお互いに「~をしてほしい」という要望を伝える機会が頻繁にあります。とくに、リーダーはそういった発言が多くなるものです。

たとえば「既存顧客の流出・単価減少が問題なので、きめ細かいサービスで満足度を上げよう」と社長が号令をかけたとします。これを受けた部下たちの否定的な反応は主に2つで、「何をしたらいいかわからない」と「何か言ってるけど自分には関係ないや」です。

社長は「きめ細かいサービス」が経験上理解できているのかもしれませんが、部下とは共有できていないのです。

そこで「既存顧客の流出・単価減少が問題だ。お客様が満足するサービスとはなんだろうか？」と質問してみましょう。すると、「自分のこと」として頭が回転し始めます。具体的な場面を想像して、「きめ細かいサービスとは何か？」を自分の論理で導き出すのです。そうすると、問題への意識が高まり、その解決策も自分で導き出したものとして納得感と理解度が高まった状態で取り組むことができるようになります。「質問」は「命令」「依頼」よりも相手を当事者として巻き込む力があるのです。

たとえば親子でも「集中しなさい！」と命令するよりも「集中するにはどうしたらよいと思う？」「集中するって何で大切なのかな？」という質問のほうが当事者意識は高まります。

自分の頭で実感を伴って導き出した打ち手というものは、実行力が高いものなのです。

〔対面の場は相手の胸の内を知る絶好の機会〕

Column 4 リーダー・保護者のための

# 「助けを求める」力を育もう

子どもたちは、「知らず知らずのうちに力がつく魔法の指導」に囲まれて育っています。ストレスを感じずに伸びていけるのが「よい指導」「よい教材」だという要望から、教育産業はそれに過剰に応えてしまっているのです。

しかし、それは「教える」ことが職業の人たちに囲まれているからです。社会では「学ぶ」ことは仕事ではなくなります。しかし、学校という「教わる場」を出てからが「学び」の本番でもあります。

いま「私はこういうことができます」と表現して評価してもらう力よりも、「私はこれがしたいが、足りない部分がある。助けてほしい」ということを正確に表現する力のほうが大事になっています。「したいこと」に大きな価値があれば、たとえそれが不確実な未来のことであっても人は集まってきます。そして「何をしてほしいのか？」を表現できれば、現在のネットワーク社会においてはすぐに助けてくれる人につながることができます。

一方的に上手に教わることに慣れ過ぎて、自分から上手に「助けてほしい」と表現をする力が失われつつあります。

「助けを求め、自分にはない能力を持った人を集める力」は高度な技術が求められる現代では「自分の能力を高める」ことと同じくらい大切です。恥ずかしいことなどではないことを理解してもらうためにも、上司・保護者の方が積極的に「他力を使う」姿を見せてあげてください。

# おわりに

何かを始めようと思った瞬間に、人は勇敢であると同時に臆病になります。現状を打破したい・させたいという思いでこの本を手に取った方は、勇敢な心の持ち主です。

新しいことを始めたり、難しい問題に対して試行錯誤したりすることは、経験が大きくものを言います。色々なアイデアで起業を続けるシリアルアントレプレナーと呼ばれる人や身近で色々と挑戦をしている人たちは、「型」を身につけています。「型」は使えば使うほど自分のものになりますから、加速度的に技術が伸びていきます。皆さんも、本書で身につけた「ＳＡＴＥ・さて？」と考えて行動する技術を是非明日から実践してみてください。最初の一歩の上にどんどん経験が積み重なっていって、挑戦や試行錯誤が自然なものになっていくはずです。特に、S（Share　共有）は、

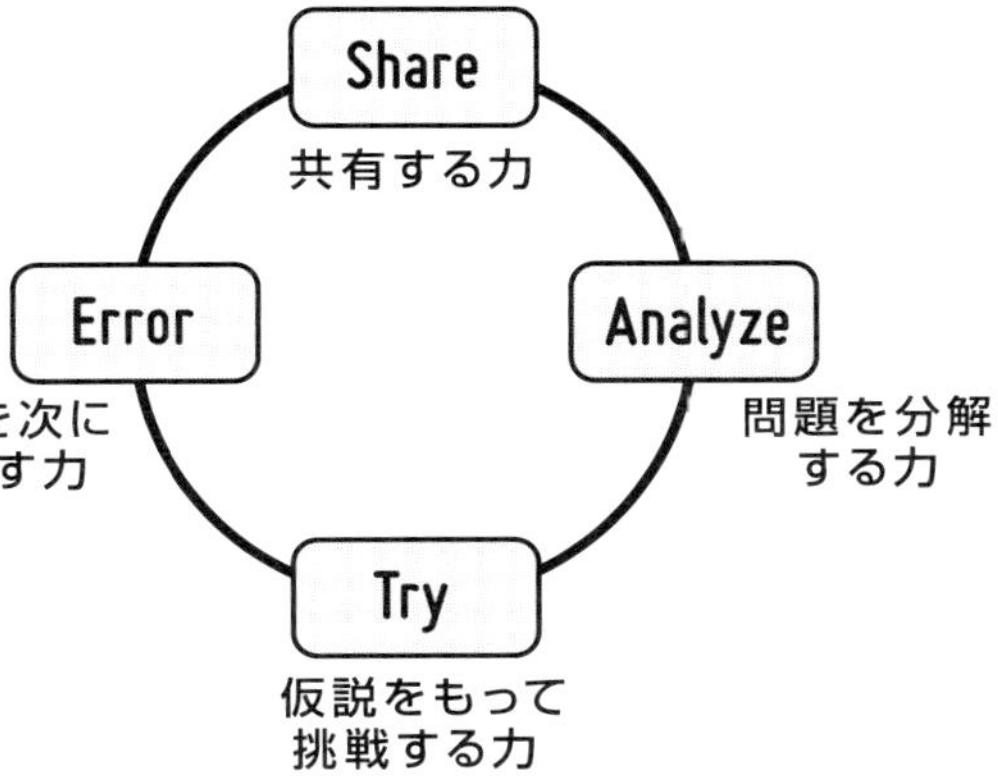


大きな助けになるはずです。

目の前の複雑な状況で逃げ出さずに他人を巻き込みながら試行錯誤する力は、仕事や勉強で結果を出すことはもちろんですが、自分が何かをしたい、叶えたいと思った時に背中を押してくれる「夢を叶える力」でもあります。

本書が、小さな気づきから大きな夢まで、皆さんが「やりたい」と思ったことを実現できる幸せな人生を送るための一助になればと願っています。

苅野　進

**著者紹介**

## 苅野　進（かりの・しん）

子ども向けロジカルシンキング指導の専門家・学習塾ロジム代表
経営コンサルタントを経て、小学生から高校生向けに論理的思考力を養成する学習塾ロジムを2004年に設立。探求型のオリジナルワークショップによって「上手に試行錯誤をする」「適切なコミュニケーションで周りを巻き込む」ことで問題を解決できる人材を育成し、指導者養成にも取り組んでいる。
著作に『10歳でもわかる問題解決の授業』（フォレスト出版）、『考える力とは、問題をシンプルにすることである。』（ワニブックス）など。東京大学文学部卒。

**仕事《しごと》の不安《ふあん》・悩《なや》みがなくなる**
**ロジカルシンキング**

〈検印省略〉

2019年　8　月 23　日　第　1　刷発行

著　者――苅野　進（かりの・しん）
発行者――佐藤　和夫

発行所――株式会社あさ出版

〒171-0022 東京都豊島区南池袋 2-9-9 第一池袋ホワイトビル 6F
電　話　03 (3983) 3225（販売）
　　　　03 (3983) 3227（編集）
F A X　03 (3983) 3226
U R L　http://www.asa21.com/
E-mail　info@asa21.com
振　替　00160-1-720619

印刷・製本（株）光邦

facebook　http://www.facebook.com/asapublishing
twitter　http://twitter.com/asapublishing


ISBN978-4-86667-150-5 C2034